Silvana Mariani

O Canto do Mar:
Die Ästhetisierung von Realität?

Reflexionen über den Realismus bei Alberto Cavalcanti

FILM- UND MEDIENWISSENSCHAFT

Herausgegeben von Irmbert Schenk und Hans Jürgen Wulff

ISSN 1866-3397

25 *Karoline Stiefel*
    Geistesblitze und Genialität – Bilder aus dem Gehirn des Detektivs
    Die Visualisierung von Imagination in den TV-Serien SHERLOCK und HOUSE, M.D.
    ISBN 978-3-8382-0522-9

26 *Stephanie Boniberger*
    Musical in Serie
    Von Buffy bis Grey's Anatomy: Über das reflexive Potential der special episodes amerikanischer TV-Serien
    ISBN 978-3-8382-0492-5

27 *Phillip Dreher*
    Morin und der Film als Spiegel
    Eine theoriegeschichtliche Verortung der Filmtheorie von Edgar Morin
    ISBN 978-3-8382-0486-4

28 *Marlies Klamt*
    Das Spiel mit den Möglichkeiten
    Variantenfilme – Zwischen Multiperspektivität und Chaostheorie
    ISBN 978-3-8382-0811-4

29 *Ralf A. Linder*
    Zwischen Propaganda und Anti-Kriegsbotschaft:
    Die Darstellung des Krieges im US-amerikanischen Spielfilm
    als Indikator gesellschaftlichen Wandels
    ISBN 978-3-8382-0750-6

30 *Jana Zündel*
    An den Drehschrauben filmischer Spannung
    Zeit und Raum bei Alfred Hitchcock.
    Verzögerungen und Deadlines, klaustrophobische und expansive Räume
    ISBN 978-3-8382-0940-1

31 *Seraina Winzeler*
    Filme zwischen Spur und Ereignis
    Erinnerung, Geschichte und ihre Sichtbarmachung im Found-Footage-Film
    ISBN 978-3-8382-0414-7

32 *Tobias Dietrich*
    Filme für den Eimer
    Das Experimentalkino von Klaus Telscher
    ISBN 978-3-8382-1094-0

33 *Silvana Mariani*
    O Canto do Mar: Die Ästhetisierung von Realität?
    Reflexionen über den Realismus bei Alberto Cavalcanti
    ISBN 978-3-8382-1100-8

Silvana Mariani

O Canto do Mar:
Die Ästhetisierung von Realität?

Reflexionen über den Realismus bei Alberto Cavalcanti

ibidem-Verlag
Stuttgart

Bibliografische Information der Deutschen Nationalbibliothek
Die Deutsche Nationalbibliothek verzeichnet diese Publikation in der Deutschen Nationalbibliografie; detaillierte bibliografische Daten sind im Internet über http://dnb.d-nb.de abrufbar.

Bibliographic information published by the Deutsche Nationalbibliothek
Die Deutsche Nationalbibliothek lists this publication in the Deutsche Nationalbibliografie; detailed bibliographic data are available in the Internet at http://dnb.d-nb.de.

Coverabbildung: Szene aus *O Canto do Mar*. © Maristela Film. Abdruck mit freundlicher Genehmigung.

∞

Gedruckt auf alterungsbeständigem, säurefreien Papier
Printed on acid-free paper

ISSN: 1866-3397

ISBN: 978-3-8382-1100-8

© *ibidem*-Verlag
Stuttgart 2017

Alle Rechte vorbehalten

Das Werk einschließlich aller seiner Teile ist urheberrechtlich geschützt. Jede Verwertung außerhalb der engen Grenzen des Urheberrechtsgesetzes ist ohne Zustimmung des Verlages unzulässig und strafbar. Dies gilt insbesondere für Vervielfältigungen, Übersetzungen, Mikroverfilmungen und elektronische Speicherformen sowie die Einspeicherung und Verarbeitung in elektronischen Systemen.

All rights reserved. No part of this publication may be reproduced, stored in or introduced into a retrieval system, or transmitted, in any form, or by any means (electronical, mechanical, photocopying, recording or otherwise) without the prior written permission of the publisher. Any person who does any unauthorized act in relation to this publication may be liable to criminal prosecution and civil claims for damages.

Printed in the EU

Vorwort		7
1.	Einleitung	11
2.	Filmhistorischer Kontext	15
2.1.	Frankreich – der Anfang einer Karriere	15
2.1.1.	Im Kreis von Marcel L'Herbier	16
2.1.2.	Zur Rezeption des Films *L'Inhumaine*	19
2.1.3.	Ein Experimentalfilm über die Großstadt	20
2.1.4.	*Rien que les heures* und die Frage der Zeit	22
2.1.5.	Symphonische Filme	25
2.1.6.	Weitere poetische Experimente	26
2.1.7.	Zwischen Stumm- und Tonfilm	28
2.2.	England – ein Experimentierfeld für den Tonfilm	29
2.2.1.	*Drifters* – der Beginn der britischen Dokumentarfilmbewegung	30
2.2.2.	Cavalcanti – eine Schlüsselfigur des Tonfilms	31
2.2.3.	Sprache, Geräusch und Musik neu kombiniert	34
2.2.4.	Experimente im Bereich von Ton und Farbe	37
2.2.5.	Der Tonfilm und der Stil der Montage	39
2.2.6.	Geburtsstunde des Story-Dokumentarfilms	39
2.2.7.	Cavalcanti wechselt zu Ealing	42
2.3.	Brasilien – der Aufbau einer Filmindustrie	45
2.3.1.	Wie Cavalcanti zu Vera Cruz kam	46
2.3.2.	Vera Cruz – ein ambitioniertes Projekt	48
2.3.3.	Der Neorealismus als Vorbild	51
2.3.4.	Cavalcanti im Auftrag der Regierung	53
2.3.5.	Cavalcantis Produktionen in der Vera Cruz	53
2.3.6.	„Filme e Realidade"	56
2.3.7.	Eigene Produktionen in Brasilien	56
2.3.8.	Die Krise des brasilianischen Kinos der 1950er Jahre	57
3.	Realismus – theoretische Grundlagen	59
3.1.	Von der Relativität des Begriffs „Realismus"	60
3.2.	Über die Aufgabe der Kunst	62
3.3.	Realismus des Films oder Realismus im Film?	64
3.4.	Bazin und die drei Ebenen des Films	64

	3.4.1. Ontologische Ebene: Eine Spur der Wirklichkeit	65
	3.4.2. Die Ebene der Abstraktion: Die filmische Gestaltung	67
	3.4.3. Die dritte Ebene: Die Vielfalt des Realismus	70
3.5.	Die Rolle des Dokumentarfilms für den neorealistischen Film	72
3.6.	Verfremdung durch ein Hybrid-Genre: Der narrative Dokumentarfilm	74
4.	Analyse – *O Canto do Mar*	77
	4.1. Die Kritik an Cavalcanti und seinem Werk	78
	4.2. Ein trügerischer Vorspann: Dokumentarfilm oder Fiktion?	79
	4.3. Die britische Dokumentarschule im Hintergrund	82
	4.4. Verflechtung von erfundenen und gefundenen Geschichten	84
	4.5. Realismus oder Ästhetisierung der Realität?	87
	4.6. Populäre Kultur als Verankerung des Realismus	88
	4.7. Merkmale des Neorealismus	89
	4.8. *O Canto do Mar* – ein Vorläufer des Cinema Novo	90
5.	Fazit	93
6.	Bibliografie	97
	6.1. Internetquellen	104
7.	Filmografie	105

Vorwort

Der Name Alberto Cavalcanti war mir zwar nicht unbekannt, doch als ich Gelegenheit hatte, einen seiner Filme in einer Vorlesung über Dokumentarfilme an der Universität Zürich[1] zu sehen, war mein Interesse an diesem Filmemacher geweckt.

Der Film *Night Mail* (1936) fesselte mich wegen der experimentellen Aspekte, der Beziehung von Bild und Ton und der einzigartigen Art und Weise, wie Rhythmus, Worte, Geräusche und Musik miteinander verflochten waren, was mir, für einen Film aus der damaligen Zeit, sehr durchdacht vorkam. Ich wollte mehr über Alberto Cavalcanti erfahren und entdeckte ganz andersartige Filme, wie den Experimentalfilm *Rien que les heures*, den er in den Zwanzigerjahren in Frankreich gedreht hatte. Ich stieß auch auf die GPO Filme, bei denen er als Tonmeister arbeitete. Der Horrorfilm *Dead of Night* (1945), der kurz nach dem Krieg in England produziert wurde, ist ein weiterer bemerkenswerter Film, ebenso das Melodrama *O Canto do Mar* (1953), das in Brasilien in den Fünfzigerjahren entstand, oder auch *Herr Puntila und sein Knecht Matti*, eine Verfilmung des Theaterstückes von Bertolt Brecht.

Zum Abschluss eines Seminars über Archivierung in Lausanne[2] (Teil des Programms Netzwerk Cinema CH) schenkte mir Professor Roland Cosandey, ohne mein Interesse an Cavalcanti zu kennen, das Buch *Alberto Cavalcanti* von Lorenzo Pellizari und Claudio M. Valentinetti, das aus Anlass des Internationalen Filmfestivals von Locarno[3] im Jahre 1988 erschien.[4] Das Buch enthält kritische Artikel über den Filmemacher, Interviews, Essays aus seiner Feder, eine kleine Biografie verfasst von Hermilo Borba Filho (das erste Mal in diesem Buch publiziert), Fotos und eine Filmografie mit 118 Titeln, die den Zeitraum eines halben Jahrhunderts umspannt. Das Buch wurde für mich zu einer wichtigen Quelle während der Recher-

---

1 Vertiefungsvorlesung Filmgeschichte: Geschichte des Dokumentarfilms – Herbstsemester 2011, gehalten von Prof. Dr. Margrit Tröhler und Dr. Tereza Smid (Seminar für Filmwissenschaft, Universität Zürich).
2 Master Cinéma Option Archives: Conservation et restauration de l'audiovisuel. UNIL, Frühjahrssemester 2012, unter der Leitung von Reto Kromer.
3 An diesem Filmfestival wurden im Rahmen einer Hommage an Cavalcanti 37 seiner Filme gezeigt.
4 Französische Übersetzung und verantwortlich für die französische Ausgabe: Roland Cosandey.

che über Cavalcantis Leben und Werk, das mit der Geschichte des Films untrennbar verbunden ist.

Während seiner sechzigjährigen Filmtätigkeit leistete Cavalcanti einen bedeutenden Beitrag zur Entwicklung der kinematografischen Sprache. Jeder seiner Filme bietet die Möglichkeit, spezifische Aspekte der Filmsprache zu erforschen, zum Beispiel in Bezug auf Ausstattung, Ton, Licht und Farben. Neben der Realisierung seiner Filme bemühte sich Cavalcanti, seine Erfahrungen in Essays festzuhalten, die jungen Filmemachern als theoretische Grundlagen dienen sollten.

Er hatte in seiner Laufbahn verschiedene Funktionen innerhalb des Produktionsprozesses inne, sei es als Szenenbildner, Tonmeister, Drehbuchautor, Produzent oder Regisseur. Die unterschiedliche ästhetische Natur seiner Filme zeigt, dass Cavalcanti verschiedenen Kunstströmungen angehörte, die in Europa in der ersten Hälfte des 20. Jahrhunderts wichtig waren.

Den roten Faden für das Verständnis seines facettenreichen Werks fand ich im Titel eines Interviews,[5] das er für die Zeitschrift *Film Ideal* gab. Die Überschrift lautet: „J'étais surréaliste, avec une tendance au réalisme."[6] So stellte ich in der Folge fest, dass das Werk Cavalcantis unabhängig von den verschiedenen Stilrichtungen von einer Suche nach einem immer größeren Realismus geprägt war.

Um den Werdegang des Filmemachers aufzuzeigen – ausgehend von seiner Mitwirkung bei der französischen Avantgarde bis hin zu seinen Produktionen für das Fernsehen in den 1970er Jahren –, habe ich mich bei meiner Recherche auf einige wenige Filme beschränkt, die ich als charakteristisch für sein Schaffen einschätze. Die ausgewählten Filme sind: *L'Inhumaine* (1924) von Marcel L'Herbier, in dem Cavalcanti als Szenenbildner arbeitete; sein Film *Rien que les heures* (1926), der ihn als Regisseur der französischen Avantgarde bekannt machte; einige Produktionen der GPO Film Unit – *Song of Ceylon* (1934), *Coal Face* (1935), *Night Mail* (1936) – wegen deren Innovation auf dem Gebiet des Filmtons und der Film *O Canto do Mar* (1953), den er in Brasilien produzierte. Letzterem habe ich eine Filmanalyse gewidmet, die ich in Kapitel 4 vorstelle. Die Wahl von *O Canto do Mar* als Gegenstand der Analyse ergab sich aus der Tatsache, dass dieser Film aus mei-

---

5 Interview mit Felix Martialay – *Film Ideal*, 62, Madrid 1960 (in Pellizzari/ Valentinetti 1988: 335-342).
6 Ich war ein Surrealist, mit einer Tendenz zum Realismus. (Die Übersetzung fremdsprachiger Zitate stammt von der Autorin).

ner Sicht die langjährige Erfahrung Cavalcantis synthetisiert, und auch weil er den Film in seinem Heimatland und mit seiner eigenen Produktionsgesellschaft gedreht hat und somit in seiner künstlerischen Freiheit nicht eingeschränkt war.

Eine weitere Recherche zum umfangreichen Werk Cavalcantis nach dem Film *O Canto do Mar*, der mit seiner Rückkehr nach Europa zusammenfällt, würde den Umfang dieser Arbeit sprengen. Während den folgenden zwanzig Jahren hat Cavalcanti als freischaffender Regisseur und Autor für Theater, Film und Fernsehen in verschiedenen europäischen Ländern, sowie in Israel und den Vereinigten Staaten gewirkt. Sein letzter Film erschien 1976.

Von engagierten politischen Filmen bis hin zu leichten Komödien umfasst Cavalcantis Gesamtwerk verschiedenen Stilrichtungen. Die Vielfältigkeit seines Werkes und die Schwierigkeit, dieses bestehenden Stilrichtungen zuzuordnen, führten zum Entschluss, die Studie auf ein einziges Thema zu beschränken, nämlich die Tendenz zum Realismus in seinen Filmen.

Mein Wunsch ist es außerdem, mit dieser Arbeit das Interesse für das Werk dieses prägenden Filmemachers, der in der europäischen Filmgeschichte markante Spuren hinterlassen hat, zu wecken.

Für das Gelingen dieser Forschungsarbeit haben viele Personen direkt oder indirekt beigetragen, denen ich meinen herzlichen Dank aussprechen möchte. Ein besonderer Dank geht an Frau Prof. Dr. Margrit Tröhler, Marietta Storchenegger und Hans Jörg Hüeblin.

1. Einleitung

Die Absicht dieser Studie ist es, in einem ersten Schritt die Darstellung der Realität in den verschiedenen Schaffensphasen des Regisseurs zu untersuchen, um dann in einem zweiten Schritt ein Bild der Ästhetik des Realismus in seinem Filmschaffen zu entwerfen.

Um die Vielfältigkeit von Cavalcantis Erfahrungen in den verschiedenen europäischen Filmbewegungen aufzuzeigen, gebe ich im Kapitel 2 einen historischen Überblick über seine Tätigkeiten in Frankreich, England und Brasilien und gehe auf die ästhetischen Merkmale seiner wichtigsten Filmproduktionen ein. Im Kapitel 2.1 beschreibe ich sein Schaffen in Frankreich, die Produktionen zusammen mit Marcel L'Herbier und seine eigenen Filme. Ich kontextualisiere die Bedeutung des Films *Rien que les heures* für die französische Avantgarde und zeige, wie sich in diesem Film erste Tendenzen von Cavalcanti zum Realismus abzeichnen.

Die britischen Dokumentarfilme der 1930er Jahre, ihre Produktion sowie ihre soziale und ideologische Konzeption thematisiere ich im Kapitel 2.2. Mit Filmbeispielen zeige ich, welches Bild der Realität die Filme der GPO wiedergeben. Hier hebe ich auch die Elemente hervor, die typisch für diese Schule sind und später vom italienischen Neorealismus aufgenommen wurden. Um den Überblick über das Schaffen Cavalcantis in England zu vervollständigen, habe ich am Rande zudem seine Spielfilmproduktionen einbezogen.

Im Kapitel 2.3 werfe ich einen Blick auf die Problematik von Cavalcantis Schaffen in Brasilien vor dem Hintergrund der damaligen industriellen wie auch der unabhängigen Filmproduktion. Des Weiteren erkläre ich, warum seine Arbeit in der *Companhia Cinematográfica Vera Cruz* auf Widerstand stieß und weshalb der Film *O Canto do Mar* (1953) zum Teil kritisch rezipiert wurde. Gestützt auf Filmkritiken und Artikel zum Thema zeige ich, welche neuen Tendenzen zum Realismus im Film sich zu jener Zeit in Brasilien ankündigten.

Im dritten Kapitel befasse ich mich also mit Begriffen wie Realismus, Realität und Wirklichkeit und mit der Theorie des Realismus. Als Grundlage dienen die Werke der beiden wichtigsten Filmtheoretiker des Realismus des letzten Jahrhunderts, Siegfried Kracauer und André Bazin. Die Realismuskonzeption von Bazin habe ich mit Hilfe von Margrit Tröhlers Ansatz, der Bazins Theorie des Realismus durch ein dialektisches Verfahren erklärt, erörtert.

Als Ausgangspunkt meiner Reflexion und zur Unterstützung meiner ersten These greife ich auf den russischen Semiotiker Roman Jakobson zurück, der darauf hinweist, dass der Begriff des Realismus ständig reformuliert werden muss, da es in der Kunst immer neue Richtungen und immer neue Motivationen zur Deformation der kanonisierten Formen in Richtung einer größeren Nähe zur Wirklichkeit gibt (vgl. Jakobson 1993: 132).

In der Filmanalyse in Kapitel 4 versuche ich, mittels ausgewählter Ausschnitte aus *O Canto do Mar* meine Fragen zu beantworten, und greife dazu auf die eingeführte Theorie zurück, um über meine Thesen zu reflektieren. *O Canto do Mar* wurde von der Rezeption einerseits gelobt, anderseits auch scharf kritisiert. Ein Teil der Kritiker, die unter dem Einfluss des italienischen Neorealismus standen, haben den Film als „künstlich" rezipiert, besonders hinsichtlich der Darstellung der Realität der Migranten vor dem Hintergrund einer erfundenen Geschichte und in Bezug auf die Mischung von Schauspielern mit Laiendarstellern. Ausgehend von dieser Problematik stelle ich mir für die Analyse des Films folgende Fragen:

- Sind in *O Canto do Mar* noch Züge einer realistischen Ästhetik anderer Schulen, denen Cavalcanti angehört hatte, zu erkennen, z. B. der französischen Avantgarde der 1920er Jahre oder des britischen Dokumentarfilms der 1930er Jahre?

- Wie interagieren die Hauptfiguren mit den Laienschauspielern – den authentischen Migranten – in den Szenen, die zum Teil dokumentarisch wirken? Wie integriert Cavalcanti das Dokumentarische in den fiktionalen Film und umgekehrt?

- Welche ästhetischen Charakteristiken in *O Canto do Mar* entsprechen nicht den Vorstellungen eines neorealistischen Films? Ist es überhaupt möglich, die neorealistischen Merkmale eines Films genau zu bestimmen?

Auf diese Fragen, die gleichzeitig allgemeine Überlegungen zum Realismus im Film notwendig machen, werde ich in meiner Analyse eingehen. Mit Hilfe von Kracauers Überlegungen zur Schwierigkeit der Verschmelzung von Story- und Dokumentarfilm werde ich den Grenzbereich zwischen Spielfilm und dramatisiertem Dokumentarfilm ausloten. Ich stütze mich dabei auf Kracauers Aussage, dass jeder

Dokumentarfilm mit einer gefundenen Story von starker Dichte als Episodenfilm angesehen werden kann und Spielfilme mit episodenhaftem Charakter ausgesprochen dokumentarische Züge annehmen können (vgl. Kracauer 2012: 331). Ich werde aufzeigen, in welchen Punkten die dramatisierte Realität des Dokumentarfilms und die Adaption einer schon früher verfilmten Story in diesem Film konvergieren und welche Probleme diese Kombination für die realistische Erzählweise beinhalten kann. Des Weiteren werde ich *O Canto do Mar* auf seinen Bezug zum Neorealismus hin analysieren.

Die Untersuchung wird von einem Fazit abgerundet, in dem ich insbesondere die historische Dynamik in der Betrachtung von Jakobson noch einmal aufnehme und die sich wandelnde und sich also stets erneuernde Realismuskonzeption von Cavalcanti hinsichtlich seines Gesamtwerks herausstelle.

Im Hinblick auf die dargelegten historischen Bedingungen der Entstehung des künstlerischen Werks und insbesondere des Films *O Canto do Mar* und mit Hilfe der theoretischen Grundlagen zum Begriff des Realismus im Film (vgl. Kapitel 3) habe ich folgende Thesen formuliert:

- In vielen seiner Filme bevorzugt Cavalcanti soziale Themen, die unter Einsatz verschiedener Ästhetiken realistisch dargestellt werden.

- Im Film *O Canto do Mar* hat Cavalcanti gefundene mit erfundenen Geschichten auf stilisierte Art in einem poetischen Realismus verschmolzen.

- *O Canto do Mar* wurde dennoch nicht als realistischer Film wahrgenommen: Er ist ein anachronistischer Film, der in einem Moment realisiert wurde, in dem in Brasilien eine neue realistische Ästhetik auftauchte, die des *Cinema Novo*.

2. Filmhistorischer Kontext

Das folgende Kapitel gibt einen Einblick in die diversen Lebensstationen des Regisseurs Alberto Cavalcanti. Ausgehend von seiner Leistung in der französischen Film-Avantgarde der 1920er Jahre über die Dokumentarfilmschule Griersons in England bis zu den eigenen Filmproduktionen in Brasilien werden einige seine Werke hervorgehoben.

2.1. Frankreich – der Anfang einer Karriere

> Quand j'ai abandonné l'architecture et le dessin pour le cinématographe, j'ai eu le sentiment que j'avais des devoirs: c'est-à-dire qu'en aucun cas le cinéma ne devait être pour moi une diversion [...][7]

Cavalcantis Filmkarriere beginnt in Frankreich, in einer Gruppe von Filmemachern, die später die erste französische Film-Avantgarde oder auch Film-Impressionisten genannt werden. Diese jungen Regisseure, unter ihnen Louis Delluc, Marcel L'Herbier, Abel Gance, Germaine Dulac und Jean Epstein, bemühen sich, für den Film eine neue visuelle Sprache zu entwickeln. Sie folgen den Ideen vieler Intellektueller, Künstler und Schriftsteller, die in Paris Anfang des 20. Jahrhunderts an der Entwicklung dieses neuen Mediums interessiert sind und den Film als neue Kunstform zu etablieren versuchen. Anregend sind für diese Künstler die Schriften des Journalisten und Filmtheoretikers Ricciotto Canudo, der den Film als „siebente Kunst" bezeichnet, eine Kunst, die alle anderen zusammenfassen sollte. Damals gründen diese Intellektuellen den ersten Filmclub in Frankreich, den Club des Amis du Septième Art (C.A.S.A), in dem ab 1921 regelmäßig Vorträge, Diskussionen und private Filmvorführungen stattfanden. Dorothee Binder (2005) erinnert daran, dass zum C.A.S.A auch prominente Künstler der Avantgarde gehörten, wie die Schriftsteller Blaise Cendrars und Jean Cocteau, die bildenden Künstler Marcel Gromaire,

---

7 Als ich die Architektur und das Design des Kinos wegen aufgab, hatte ich das Gefühl, dass ich eine Pflicht hatte: auf keinen Fall sollte der Film für mich eine Unterhaltung sein [...] (Übers.: S.M.). Aus einem Interview mit Cavalcanti für die Zeitschrift Ecran, 30: „Entretien avec Alberto Cavalcanti" in Beylie et al. (in Pellizzari/ Valentinetti, 1988: 360-365).

Robert Mallet-Stevens, Fernand Léger, die Musiker Arthur Honegger und Maurice Ravel und die Schauspieler Eve Francis und Jaque Catelain (vgl. Binder 2005: 16). In einem Interview mit Fabiano Canosa in New York im Jahre 1972 beschreibt Cavalcanti die Pariser Atmosphäre der 1920er Jahre und unterstreicht den Unterschied zwischen der damaligen Avantgarde und der Nouvelle-Vague-Bewegung:

> [...] nous avions une chose en communs: nous savions que le cinéma ne devait pas être fait tel qu'on le faisait, c'est-à-dire en improvisant, sans véritable sujet, très littéraire et très théâtral. Nous pensions qu'on pouvait inventer un langage cinématographique. C'était notre seule idée commune, à nous tous, mais nous avions un grand avantage sur la Nouvelle Vague: nous étions très liés aux grands écrivains, aux grandes architectes, etc. Quand les Surréalistes ont fait leur apparition, ils ont adopté beaucoup d'entre nous, dont moi-même.[8] (Cavalcanti in Canosa 1988: 346)

2.1.1. Im Kreis von Marcel L'Herbier

Cavalcanti schließt sich dem Kreis des Filmemachers Marcel L'Herbier an. Aufgrund seines Architekturstudiums in der Schweiz und der Erfahrung als Innenarchitekt in Paris arbeitet er als Szenenbildner, aber auch als erster Regieassistent für L'Herbier und für Louis Delluc. Hervorzuheben ist die Mitarbeit Cavalcantis in den Filmen *L'Inhumaine* (1924) und *Feu Mathias Pascal* (1925), die in L'Herbiers eigener *Compagnie cinégraphic* produziert wurden.

Binder weist darauf hin, dass in den Zwanzigerjahren überall in Europa über das Wesen des Films recherchiert wurde. Wie kurz zuvor in Deutschland und Russland entwickelt sich Anfang der Zwanzigerjahre in Frankreich eine Filmkunst, die den Film als neue künstlerische Ausdrucksform etablieren will. Der Film soll nicht nur als neue technische Erfindung gesehen werden, sondern als kulturelle Erscheinung auch die Moderne reflektieren (vlg. Binder 20015: 01). Die Mitarbeit von bedeutenden Avantgardekünstlern in *L'Inhumaine* widerspiegelt den Geist der französischen Avantgarde. Zu den Konditionen der Entstehung von *L'Inhumaine* berichtet Binder:

---

8 [...] wir hatten etwas gemeinsam: wir wussten, dass das Kino nicht gemacht werden sollte, wie es gemacht wurde, nämlich improvisiert, ohne eigentliches Thema, sehr literarisch und sehr theatralisch. Wir dachten, dass wir eine kinematografische Sprache erfinden könnten. Das war unsere einzige gemeinsame Idee. Aber wir hatten einen großen Vorteil gegenüber der Nouvelle Vague: wir waren sehr mit den großen Schriftstellern, den großen Architekten verbunden. Als die Surrealisten auftauchten, nahmen sie viele von uns an, mich eingeschlossen. (Übers.: S.M.)

> Für den Film wurden zum größten Teil schon bewährte Mitarbeiter im Umkreis von Marcel L'Herbier engagiert. Neben Georgette Leblanc, die die Titelrolle im Film *L'Inhumaine* übernahm, holte sich Marcel L'Herbier für die Realisierung des Films alle Freunde, die ihm seit seinen Anfängen als Regisseur zur Seite gestanden hatten. Es war ein eingeschworener, in sich geschlossener Kreis von Mitarbeitern, die bei der Realisierung von Filmen oft mehrere Funktionen hatten. [...] Zu diesem engen Kreis um Marcel L'Herbier gehörten die Schauspieler Jaque Catelain, Philippe Hériat, die Schauspielerin Marcelle Pradot und die beiden Szenenbildner Alberto Cavalcanti und Claude Autant-Lara. (Binder 2005: 22)

Obwohl *L'Inhumaine* ein traditionelles Melodrama ist, ergibt die Zusammenarbeit von Architekten, bildenden Künstlern, Malern und dem Musiker Darius Millaud eine exzentrische Kombination moderner Kunst. Diese ungewöhnliche Kombination eines populären Filmgenres mit einem hohen filmkünstlerischen Anspruch erklärt L'Herbier wie folgt:

> J'avais la croyance absolue que le cinématographe ne pouvait être un art neuf que si c'était un art populaire, de très large audience, un art tourné vers l'extérieur, où le monde pouvait trouver distraction, spectacle et loisir. C'est pourquoi j'ai tout de suite dit que ce serait un mélodrame. Mais je voulais aussi que le cinéma se différencie absolument des autres arts, surtout par sa technique visuelle, son découpage.[9] (L'Herbier zit. in Binder 2005: 28)

Durch den Beitrag prominenter Künstler vereint der Film auf diese Weise, ganz im Sinn von Canudo, viele Formen des künstlerischen Ausdrucks. Die extravaganten Kostüme von *L'Inhumaine* wurden vom Modedesigner Paul Poiret konzipiert. Der modernistische Architekt Robert Mallet-Stevens entwarf die Häuserfassaden mit kubistischen Elementen. Dem Maler Fernand Léger wird das Bild mit geometrischen Formen am Anfang des Films und das futuristische Laboratorium des Ingenieurs zugeschrieben. Der stilisierte Wintergarten ist ein Entwurf des Filmregisseurs und Kostümbildners Claude Autant-Lara.

Cavalcanti war verantwortlich für mehrere Szenenbilder in *L'Inhumaine* sowie für die Übereinstimmung zwischen den verschiedenen Motiven der Szenerie. Der große Salon mit dem schwarz-weißen Bodenmuster im Zentrum des Raums, in dem

---

9 Ich glaubte fest daran, dass die Filmkunst nur eine neue Kunst sein sollte, wenn sie sich als Volkskunst verstand, für ein sehr großes Publikum, eine extrovertierte Kunst, wo man Zerstreuung, Schauspiel und Muße finden konnte. Deshalb habe ich sofort gesagt, dass dieser Film ein Melodram sein sollte. Aber ich wollte auch, dass sich Film absolut von anderen Kunstarten unterscheidet, vor allem durch seine visuelle Technik, seinen Schnitt. (Binder 2005: 28)

sich am Anfang des Films die Handlung entwickelt, ist das eindrücklichste aller Szenenbilder *(Abbildung 1)*[10].

Abbildung 1: Der Große Salon von Claire Lescot (00:08:37)

Der symmetrische Raum im *Art-Déco*-Stil ist geprägt von einer Vielzahl geometrischer Formen und Muster. Ein großer Esstisch für die Festgäste steht in der Raummitte und ist von einem Wasserkanal umgeben, so dass er wie eine Insel inmitten eines Pools wirkt. Nur allmählich erfährt der Zuschauer die Dimension und Vielfältigkeit der dekorativen Muster und Elemente dieses Raumes, da die Kamera schrittweise von der Halbnahen bis zur Totale die ganze Weitläufigkeit des Raumes enthüllt (vgl. Binder 2005: 58–60).

Im seinem Buch *Filme e Realidade* (1953) widmet Cavalcanti der Ausstattung ein eigenes Kapitel. Über die Funktion des *décors* in der französischen Avantgarde erklärt er in einem Interview am Martialay:

> Jadis, le décor assumait une véritable fonction artistique et esthétique, c'était un art au sein d'un autre art et il s'adaptait en tant que tel au récit, lui apportant des nuances, une validation psychologique, conditionnant le jeu des personnages et jusqu'à l'action elle-même. Le décor était un personnage de plus, alors qu'il est aujourd'hui, dans la plupart de cas, un élément strictement fonctionnel. Au lieu d'assumer un rôle quasiment actif de personnage, il n'est qu'une part passive de l'ambiance, de l'atmosphère.[11] (Cavalcanti in Martialay 1988: 335)

---

10 Das Einzelbild von *L'Inhumaine* ist aus der restaurierten Kopie von 1924 der Edition DVD Lobster Films 2015.
11 Früher übernahm das Szenenbild eine echte künstlerische und ästhetische Funktion, es war

2.1.2. Zur Rezeption des Films *L'Inhumaine*

Der Film *L'Inhumaine* rief Kontroversen hervor. Einerseits reagierte das Publikum sehr ablehnend, anderseits lobte die Kritik die innovative visuelle Sprache und auch die Musik von Darius Millaud, die speziell für den Film komponiert wurde. Auch wenn L'Herbier das Melodrama, ein beliebtes Filmgenre, aufgriff, war der Film für das Publikum unverständlich. Wie Binder bemerkt, bleibt am Schluss der Nachgeschmack eines Films, der von einer künstlerischen Elite für eine kleine intellektuelle Minderheit gemacht wurde (vgl. Binder 2005: 97). Der Film ist in den 1970er Jahren restauriert worden und stößt bis heute auch in der Kunstwissenschaft auf großes Interesse, denn er erlaubt einen Einblick in die ästhetischen Ideale der ersten französischen Avantgarde. Darüber hinaus hält Binder fest:

> Heute gilt der Film *L'Inhumaine* von Marcel L'Herbier als Schlüsselfilm für die französische Filmavantgarde dieser Zeit, als Höhepunkt und Abschluss einer „ersten Avantgarde" des französischen Films, auf die bald die Filme der „zweiten Avantgarde" folgten, die sich in unterschiedliche Richtungen weiterentwickelte, zunächst hin zum „Cinéma pur" wie Fernand Léger mit seinem *Ballet mécanique* und etwas später zum surrealistischen Film, deren Hauptvertreter Luis Buñuel und Man Ray wurden. (Binder 2005: 98)

Die Anhänger des *cinéma pur* suchten eine streng visuelle Ästhetik und plädierten dafür, dass der Film spezifisches Material und Techniken in Anspruch nehmen soll, um eine eigene Filmsprache zu entfalten. Diese Filmautoren wollten das Kino vom Zwang der Erzählung befreien, mit eigenen ästhetischen Konzepten arbeiten und sich von den anderen Künsten wie Literatur oder Malerei lösen. Sie bevorzugten ein Kino, das auf die reinen Elemente des Films wie Bewegung, visuelle Komposition und Rhythmus fokussierten. Cavalcanti entschied sich nicht für das *cinéma pur*. Nach der Erfahrung mit der *Compagnie cinégraphic* von L'Herbier ist in seinen Werken deutlich zu erkennen, wie er nach und nach den Realismus anstrebte.

Noch im Jahr 1924 verfilmte Cavalcanti Dellucs 1919 veröffentlichten Roman *Le train sans yeux*. Das war der erste Film, in dem Cavalcanti selbst Regie führte, und es war ein kommerzieller Film, an dem viele Fachleute arbeiteten. Die Besetzung

---

eine Kunst innerhalb einer anderen Kunst und es wurde als solche an die Erzählung angepasst. Das Szenenbild brachte Nuancen, psychologische Werte und konditionierte das Schauspiel und die Performance selbst. Das Szenenbild war eine weitere Figur, wohingegen es heute, in den meisten Fällen nur ein funktionales Element ist. Statt eine fast aktive Rolle zu übernehmen, ist es heute nur ein passiver Teil der Stimmung, der Atmosphäre. (Übers.: S.M.)

bestand zum einen aus französischen und zum anderen aus deutschen Schauspielern. Die Außenszenen wurden an der *Côte d'Azur* gedreht, während die Innenaufnahmen in einem Studio, in den ehemaligen Zeppelin-Hangars in Berlin aufgenommen wurden. Wegen finanzieller Probleme wurde der Film erst 1926 veröffentlicht.[12]

2.1.3. Ein Experimentalfilm über die Großstadt

Während Cavalcanti auf die Aufführung von *Le train sans yeux* wartete, filmte er mit kleinem Budget seinen ersten Experimentalfilm *Rien que les heures*. Der Film erschien 1926 und provozierte eine starke Reaktion im Pariser Intellektuellenmilieu. Durch seine avantgardistische Art, eine Stadt dokumentarisch darzustellen, lenkte der Film die Aufmerksamkeit auf Cavalcanti als Regisseur. Der Film erzählt keine Geschichte, und es kommen nur wenige narrative Momente vor. Obwohl Pariser Denkmäler zu sehen sind, ist es nicht das Paris der Ansichtskarten, das er zeigt, sondern die Stadt mit ihren kleinen Straßen und kontrastierenden sozialen Seiten. Es sind Bilder von Menschen in ihrem Alltag. Armut und Reichtum, das Schöne und das Hässliche sind einander gegenübergestellt. Aber es ist auch ein Film, der die Frage der Zeit anspricht und die der Menschen, in ihrer Kondition des Werdens und Vergehens, dargestellt durch die Stunden, die mit dem Uhrzeiger verfließen.

Rien que les heures ist einer der wichtigsten und einflussreichsten frühen Dokumentarfilme über das Leben in der Großstadt; er beeinflusste die Arbeit von vielen Regisseuren dieser Zeit, die das Thema Stadt und Alltag aufgriffen. Joris Ivens, der später in einem poetischen Dokumentarfilm Amsterdam im Regen zeigte, erzählt, wie sehr ihn der Film beeindruckt hat:

> Dieser Film machte auf mich einen sehr großen Eindruck, weil man in ihm mit den Augen eines Poeten in vielen Groß- und Nahaufnahmen 24 Stunden Paris erlebt. Der Film mit seiner sauberen, ehrlichen und emotionellen Gestaltung hat einen großen Einfluss auf meine Arbeit gehabt. Er hat mir zum Beispiel geholfen, mutiger und sicherer an die Dreharbeiten meines Filmes *Regen*, den ich mit Mannus Franken in Amsterdam 1928 drehte, heranzugehen. (Ivens, zitiert in Schleif 1989: 94)

Cavalcanti erklärt Fabio Canosa, dass *Rien que les heures* der erste Film war, der dem Dokumentarfilm eine soziologische Perspektive gab: „Le documentaire était

---

12 Die biografischen Hinweise zu Cavalcanti sind von Hermilo Borba Filho: *Une vie*. (in Pellizzari/ Valentinetti, 1988: 108–150).

synonyme de travaux romantiques, folkloriques, comme les films de Flaherty, *Nanook* ou *Moana*, qui se passaient dans des terres lointaines. Nul n'avait eu l'idée de faire un documentaire sur ce qui se passait autour de nous"[13] (Cavalcanti in Canosa 1988: 347-348). Die unverblümte Darstellung der sozialen Probleme in Paris führte zur Zensur des Films. Doch die Verleiher fügten an den beanstandeten Stellen eine Tafel „zensuriert" ein, was die Neugier des Publikums weckte. So schloss die Zensur das Kino, aber unter öffentlichem Druck wurde der Film weiterhin gezeigt, denn das Thema war in aller Munde (vgl. Cavalcanti in Canosa 1988: 347). Bei den Pariser Intellektuellen weckte der avantgardistische Film großes Interesse.

In einem Interview mit Félix Martialay 1960 erklärt Cavalcanti:

> J'étais surréaliste. Surréaliste cinématographique, bien entendu, puisque je n'ai jamais pratiqué d'autres arts, ni peinture, ni sculpture. Mon surréalisme, j'insiste, étais exclusivement cinématographique. Quand je montrai *Rien que les heures* [1926], ce fut à cette forme d'expression au sein de l'avant-garde que m'affilia la majorité de l'intelligentsia cinématographique.[14] (Cavalcanti in Martialay 1988: 335)

Ob sich *Rien que les heures* als surrealistischer Film beschreiben lässt, ist heute fraglich, denn viele Experimentalfilme der französischen Avantgarde, die früher als surrealistisch angesehen wurden, werden heute anders eingeordnet. Das Paris zu Beginn des 20. Jahrhunderts hatte viele Kunstströmungen erlebt. Erst nach dem Erscheinen von *Un chien andalou* (1929) und *L'âge d'or* (1930) von Luis Buñuel lässt sich der Surrealismus im Film klarer definieren. Um *Rien que les heures* zu realisieren, griff Cavalcanti indes auf verschiedene ästhetische Strömungen zurück, doch die dokumentarische und realistische Tendenz gewinnt in diesem Film deutlich die Oberhand.

Ab *Rien que les heures* kann man in Cavalcantis Filmen eine stärkere Neigung zum Realismus feststellen. Im Folgenden soll eine kurze Analyse dieses Films klären,

---

13 Der Dokumentarfilm war Synonym für romantische, folkloristische Werke, wie in Flahertys Film *Nanook* oder *Moana*, die in fernen Ländern spielen. Niemand hatte die Idee, einen Dokumentarfilm über das was um uns herum geschah, zu machen. (Übers.: S.M.)

14 Ich war ein Surrealist. Ein surrealistischer Filmemacher natürlich, da ich noch nie andere Kunst, wie Malerei oder Skulptur, praktizierte. Mein Surrealismus, ich bestehe darauf, war ausschließlich filmisch. Als ich *Rien que les heure*s [1926] zeigte, war es diese Ausdrucksform im Herz der Avantgarde, an die mich die Mehrheit der Film- Intelligentsia assoziierte. (Übers.: S.M.)

wie darin avantgardistische Charakteristiken mit einer Tendenz zum Realismus verflochten sind.

2.1.4. Rien que les heures und die Frage der Zeit

Wie in *L'Inhumaine* beginnt *Rien que les heures* mit einem abstrakten Bild geometrischer Figuren, zwischen denen der Filmtitel in hellen Buchstaben erscheint, die sich wegen des flackernden Lichts zu bewegen scheinen *(Abbildung 2)*[15]. Diese Eröffnung erinnert an die Graphismen des russischen Avantgardekinos. Es folgt eine schwarze Tafel mit einem weißen Rhombus. Das folgende Bild zeigt ein Modell von Paris mit Straßen und repräsentativen Gebäuden aus der Vogelperspektive. Das Bild kann auch abstrakt gelesen werden, da die Linien ähnlich wie im ersten Bild konvergieren. Eine erste Erklärungstafel erscheint: *Toutes les villes seraient pareilles si leurs monuments ne les distinguaient pas.*[16] Nun folgt eine Sequenz von vier Bildern: der Eiffelturm, eine Schneekugel und wieder das Modell von Paris, aus dem jetzt durch eine Überblendung andere Gebäude auftauchen. Eine weitere Tafel mit einem Rhombus trennt diese erste Sequenz mit symbolischen, statischen Bildern von den folgenden realistischen Bildern, welche die Stadt in Bewegung zeigen. Stilvolle Autos umkreisen die *Place de la Concorde*, mit dem Obelisken von Luxor und dem Eiffelturm im Hintergrund. Eine Tafel kündigt an, dass nicht die Stadt mit ihren touristischen Orten gezeigt wird: *Ce n'est pas la vie mondaine et élégante ...*[17] Eine einzige Einstellung zeigt vier elegant gekleidete Frauen, welche eine Treppe hinuntersteigen. Eine fünfte Frau kommt ihnen entgegen. Das Bild friert ein, wird etwas diffuser und erscheint wie eine alte Fotografie. Eine Hand nimmt das Foto *(Abbildung 3)* und zerreißt es in kleine Stücke, die zu Boden fallen. Bewegte Bilder zeigen Fetzen von Fotos, die sich am Boden anhäufen. Es folgt die nächste Tafel: *... c'est la vie quotidienne des humbles, des déclassés ...*[18] Danach sieht man ein Luxusauto mit Chauffeur, das vor einem Haus hält. Durch eine langsame Überblendung verwandelt sich der Wagen in einen mit Säcken vollgetürmten Eselskarren. Ein ärmlich gekleideter Mann erscheint und zieht mit dem Karren da-

---

15 Die Einzelbilder von *Rien que les heures* ist aus der restaurierten Kopie von 1926 der DVD der Kino International Corp. 2009.
16 Alle Städte wären gleich, wenn sie nicht durch die Monumente unterscheiden würden. (Übers.: S.M.)
17 Das ist nicht das mondäne und elegante Leben ... (Übers.: S.M.)
18 Das ist das tägliche Leben der Bescheidenen, der Unterdrückten... (Übers.: S.M.)

von. Wiederum trennt ein Rhombus auf schwarzer Tafel diese Sequenz von der nächsten. Nun gelangt der Film in ein Umfeld, das im Kino bis dahin wenig zu sehen war, nämlich das Leben in seiner direkten Unmittelbarkeit und die Menschen in der Dynamik der Großstadt. Bevor man aber in diese realistische Welt eintaucht, zeigt der Regisseur noch eine Serie berühmter expressionistischer und impressionistischer Gemälde aus aller Welt. Diese Sequenz eröffnet eine schwarze Tafel mit dem Satz: *Des peintres de toute race voient la ville ...*[19] Es folgt eine Detailaufnahme eines Auges, danach Aufnahmen von Gemälden, die einen Überblick über die verschiedenen Malstile zu Beginn des 20. Jahrhunderts geben. Ein Bild von verschiedenen Maler-Unterschriften dient als Brücke zum nächsten bewegten Bild, das flackernde kleine Fahnen aus der ganzen Welt zeigt. Die Sequenz wird durch eine surrealistische Überblendung von vielen Augen in Großaufnahme *(Abbildung 4)*, die sich öffnen und schließen, als ob jedes die große Stadt auf seine Weise erblicken würde, beendet. Mit diesen Bildern erweist Cavalcanti allen Künstlern, die durch die Malerei versuchten, das Leben in Paris darzustellen, eine Hommage. Nach dieser Sequenz, die wiederum durch eine schwarze Tafel getrennt wird, auf der steht: *– mais seule une succession d'images peut nous en restituer la vie –,*[20] wird der Film realistischer und nimmt dokumentarischen Charakter an.

  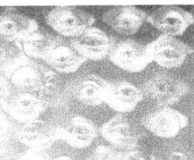 

Abbildung 2 (00:00:14)   Abbildung 3 (00:01:47)   Abbildung 4 (00:04:25)   Abbildung 5 (00:05:06)

Die Großaufnahme einer Uhr *(Abbildung 5)* weist darauf hin, wie die Zeit vergeht. Wenn bis dahin Fragen zum Raum im Zentrum standen, rückt jetzt die Zeit in den Vordergrund. Man verabschiedet sich von der Malerei und findet in der Eigenschaft des neuen Mediums Film die Möglichkeit, den Verlauf der Zeit durch die Kunst zu zeigen. Zwar kommen Figuren vor wie eine alte Dame *(Abbildung 6)*, die verloren durch eine schmale Gasse wandelt, und eine junge Prostituierte *(Abbildung 7)*, die ebenfalls durch die nächtlichen Straßen irrt. Doch diese immer wiederkehrenden Figuren sind nicht dazu da, Geschichten zu erzählen, sondern um die Stadträume

---

19 Maler aller Nationalitäten stellen die Stadt dar... (Übers.: S.M.)
20 Aber nur eine Sequenz von Bildern kann das Leben wiedergeben. (Übers.: S.M.)

mit ihren vielfältigen Realitäten einzunehmen. Sie verkörpern metaphorisch die Zeit, die Wandlung der Materie. Nicht die Geschichte ist wichtig, sondern die Simultanität und Temporalität der Ereignisse.

In der Bildsprache gleichen die dokumentarischen Szenen den Bildern des französischen Fotografen Eugène Atget (1857-1927), der leere Gässchen, Details von Türen, Fenstern, Schaufenstern und Gittern der Metro sowie Arbeiter, Arbeitslose und Clochards auf der Straße zeigte. Es sind aber auch pittoreske Bilder wie in der Sequenz, in der ein Verkäufer die Strumpfhose einer Schaufensterpuppe zurechtrückt, oder in der ein Kartenleser, der einer Frau die Karte „Tod" zieht, mit seiner Katze und ausgestopften Tieren erscheint. Es sind Aufnahmen von Alltagsszenen. Sie stehen wiederum im Kontrast zu den Liebenden, die sich in den dunklen Gassen küssen.

Abbildung 6 (00:15:25)   *Abbildung 7 (00:37:01)*

In einigen Passagen werden Bilder kontrastierend montiert, die auf eine ideologische Montage im Stile Eisensteins hinweisen. Beispielsweise in der Szene, in der Gemüse und Abfälle mehrmals abwechslungsweise erscheinen. In einer weiteren Sequenz sitzt ein Arbeiter auf dem Randstein vor einem Restaurant und isst sein Brot, während drinnen ein vornehmer junger Mann sein Filet genießt. Dieses Bild verwandelt sich durch Überblendung in einen Schlachthof, in dem eine Kuh getötet wird.

Alles in allem sehen wir 24 Stunden in Paris, in denen verschiedene Menschen den Raum und die Zeit durchqueren. Die letzten zwei Tafeln formulieren die emblematische Frage des Films: *Nous pouvons fixer un point dans l'espace, immobiliser un moment dans le temps ... mais l'espace et le temps échappent tous deux à notre* *possession.*²¹ Diese Tafeln sind durch eine Sequenz mit verschiedenen Motiven getrennt, die nicht in einem direkten Zusammenhang zueinander stehen. Ein sich drehender Globus erscheint, gefolgt von einer Vogelperspektive von Paris mit dem Triumphbogen, von dem die Straßen sich sternförmig ausbreiten und neue Wege öffnen. Die Großaufnahme von Uhrzeigern, eine junge Frau mit ihrem Kind und Ansichtskarten aus verschiedenen Ländern gehören auch zu dieser Sequenz, ebenso ein junges Paar, das mehrmals vor einer Kulisse erscheint und sich wieder aus dem Bild entfernt, wie in den ersten gefilmten Theaterstücken.

Die letzte Sequenz des Films zeigt nochmals den Globus, der sich nun schneller dreht. Es folgen Nahaufnahmen der Erdkugel mit Paris und Peking. Nun rückt wieder die Uhr ins Bild, mit sich schnell bewegenden Zeigern und einer Überblendung zu einer Uhr mit vor- und zurücklaufendem Minutenzeiger. Eine weitere Überblendung führt nun zu einem Split Screen mit sieben zerrissenen Bildern, die nebeneinander geklebt sind. Auf ihnen sind erneut die Frau mit dem Kind, ein kleiner Hund, ein Liebespaar, Autos und noch andere abstrakte Bilder zu sehen. Der Film schließt mit einer Montagesequenz von überblendeten Straßenszenen von Menschen und Fahrzeugen in Bewegung. Die Simultaneität von Menschen und Dingen, die sich überlagern, verdichtet das Bild, das nebulös erscheint, und evoziert den Fluss der Zeit und das ewige Werden und Vergehen.

2.1.5. Symphonische Filme

Rien que les heures gilt als einer der ersten Filme, die Bewegungsfolgen und dokumentarische Bilder bevorzugten und später als symphonische Filme bezeichnet wurden. Diese Filme suchen in der nahestehenden Alltagswirklichkeit den Rohstoff für eine Auseinandersetzung mit sozialen Problemen. Es ist nicht mehr nötig, das Publikum mit exotischen Themen aus fernen Ländern zu beeindrucken. Das Leben in den Großstädten und in seiner Alltäglichkeit bietet genug spannende und dramatische Elemente, die gezeigt werden sollten. Die bedeutendsten drei „Stadt-Symphonie"-Filme aus dieser Zeit sind fast gleichzeitig in Paris, Berlin und Moskau entstanden. Der erste ist *Rien que les heures* (1926), danach folgte *Berlin – Sinfonie der Großstadt* von Walter Ruttmann (1927) und *Der Mann mit der Kamera* von Dziga Vertov (1929).

---

21 Wir können einen Punkt im Raum fixieren, die Zeit für einen Moment anhalten ... aber Raum und Zeit entwischen unserem Zugriff. (Übers.: S.M.)

2.1.6. Weitere poetische Experimente

Ein weiteres poetisches Experiment des jungen Filmmachers finden wir im Film *En Rade* (1927). Cavalcanti wählt den Hafen von Marseille in Frankreich um eine Geschichte zu verfilmen, welche eine Adaption des Romanmanuskripts[22] *Le Départ de Valdivia* von Philippe Hériat, ist. Dieser Film interessiert hier besonders, da es sich um ein Drama handelt, das Cavalcanti 26 Jahre später in Brasilien unter dem Titel *O Canto do Mar* (1953) erneut adaptierte. Die Geschichte handelt von einem jungen Mann, dem Sohn einer Wäscherin, der von fernen Ländern träumt. Er verliebt sich in eine junge Frau, die in einer Bar als Kellnerin arbeitet und von ihrer Mutter ausgenutzt wird. Auch sie träumt davon, das Land zu verlassen, doch die Beziehung der beiden nimmt ein tragisches Ende.

Cavalcanti ist weniger an der dramatischen Handlung interessiert, als an den evokativen poetischen Aspekten des Buches. So verfasste er in Zusammenarbeit mit Claude Heymann, dem Regieassistenten von Jean Renoir, ein Drehbuch in welchem die poetischen und affektiven Aspekte durch die visuelle Sprache gestaltet werden. Mit Hilfe von technischen und stilistischen Mitteln treten die Subjektivität und die Photogénie der Gesichter und Landschaften in den Vordergrund (vgl. Martins, 2010:165). *En Rade* wurde von der Kritik als Meisterwerk der Fiktion des Stummfilms anerkannte und half die Ästhetik des französischen Impressionismus zu etablieren.

Über den starken poetischen Realismus dieses Films äußern sich Alain Marchand und Antonio Rodrigues wie folgt:

> On peut voir un écho du grand Stiller dans ce drame d'un jeune homme qui erre sur un port en rêvant d'un ailleurs et qui est aimé par une jeune fille dominée par sa mère. Le rythme du film, les images mélancoliques par lesquelles celui-ci se met en place (une vitre sillonnée de gouttes de pluie, un visage pensif de femme), l'absence de jeu extériorisé qui caractérise tant de films d'acteur français de cette époque, font de *En Rade* un objet assez isolé, un de ces films qui montrent à quel degré de perfection le cinéma muet était parvenu dans sa période finale.[23] (Marchand/Rodrigues 2001: 114)

---

22 Der vollständige Roman erscheint erst 1933.
23 Wir können in diesem Drama eines jungen Mannes, der von der Fremde träumend durch einen Hafen irrt und von einem Mädchen mit dominanter Mutter geliebt wird, ein Echo des großen Stiller sehen. Der Rhythmus des Films, die melancholischen Bilder (ein mit Regentropfen besprengtes Glas, ein nachdenkliches Frauengesicht) durch welche der Film inszeniert ist, das fehlende externalisierte Spiel – das so viele Schauspieler französischer

Die Poesie des Films lebt auch von der Interpretation der Hauptdarstellerin Catherine Hessling, die auch in anderen Filmen von Cavalcanti wie *Yvette* (1927), *La P'tite Lili* (1927) und *Le petit chaperon rouge* (1929) die Hauptrolle übernimmt. *La P'tite Lili (Abbildung 8)*[24] wurde gefilmt, wenn schlechtes Wetter die Außenaufnahmen von Cavalcantis *Yvette,* einer modernisierten Adaption des Romans von Guy de Maupassant, behinderte. *La P'tite Lili* ist eine visuelle Darstellung der populären französischen Chansons von Louis Bénech und Eugène Gavel, mit Originalfilmmusik von Darius Millaud. Die Geschichte handelt von einer Näherin, die von einem Mann verführt und dann zur Prostitution gezwungen wird und die tragisch endet. Cavalcanti nahm das Tragische gelassen und nannte diesen Film ein „Divertimento". Er experimentierte mit der Fotografie, indem er durch eine grobe Sackleinwand hindurch filmte, wodurch der ganze Film einen speziellen Charakter gewann, den Béla Balázs wie folgt beschreibt:

Es sind unstilisierte Photographien von lebendigen Menschen und wirklichen Straßen. Aber das überall und immer durchscheinende Gewebe der Sackleinwand gibt allem eine homogene Substanz, so wie sie die Welt der Puppen oder der Silhouetten hat. (Balázs 1972: 126)

Abbildung 8: La P'tite Lili (00:09:57)

Cavalcantis Experimentalfilme aus seiner Zeit in Frankreich sind jene Werke, die am meisten Interesse weckten. Obwohl er mit diesen Filmen keine großen Absichten hegte, waren sie erfolgreich, blieben in Paris sechs Monate im Programm und wurden in verschiedene Länder verkauft.

Filme dieser Zeit charakterisiert –, machen aus *En Rade* ein ziemlich isoliertes Objekt, einer dieser Filme die zeigen, welches Maß an Perfektion der Stummfilm in seiner letzten Zeit erreicht hatte. (Übers.: S.M.)

24 Das Einzelbild von *La P'tite Lili* ist aus einer DVD des Seminars für Filmwissenschaft der Universität Zürich.

2.1.7. Zwischen Stumm- und Tonfilm

Der Umbruch vom Stummfilm zum Tonfilm führte die französische Avantgarde, deren Ästhetik auf dem Stummfilm basierte, in eine Krise der Repräsentation. Für einige bedeutete der Tonfilm schlicht das Ende des Films, denn sie glaubten, dass seine Kraft im Wesentlichen in seiner visuellen Natur liegt, da die Bilder für sich sprechen und Sprachbarrieren überwinden. In diesem Moment musste das Potenzial des Tonfilms erst erforscht werden, was Cavalcanti sehr interessierte.

Mit Catherine Hessling in der Rolle des Rotkäppchens und mit ihrem Mann Jean Renoir als bösem Wolf filmte Cavalcanti eine nicht literarische Version des berühmten Märchens *Le petit chaperon rouge* (1929), die auf der ästhetischen Grenze zwischen Stumm- und Tonfilm liegt. Es gibt einige gesprochene Dialoge, doch der Widerstand gegen den Tonfilm war groß. Viele glaubten, dass die Versuche mit dem Ton nur etwas Vorübergehendes wären und das Interesse bald zum Stummfilm zurückkehren würde.

Anfangs der 1930er Jahre wurde Cavalcanti eingeladen, für die Paramount in Paris zu arbeiten, wo er lernte, mit dem Ton umzugehen. Die Arbeit war aber sehr eingeschränkt, denn seine Aufgabe bestand darin, Versionen von amerikanischen Filmen auf Französisch oder Portugiesisch zu drehen. Doch Cavalcanti war von der Idee, das gleiche Werk in verschiedenen Sprachen zu produzieren, nicht überzeugt. Auch wenn er sehr viel über den Filmton lernte, blieb er unbefriedigt, was die kreative Freiheit in seiner Arbeit anbelangte. Er war der grundlegenden Ansicht, dass der gesprochene Film ein Fehler war und dass der Ton nur sinnvoll sei, wenn er umfassend und nicht auf die Sprache reduziert eingesetzt würde (vgl. Pellizzari 1988: 28-29).

Eine Einladung von John Grierson, dem Gründer der britischen Dokumentarfilmbewegung, ins *Team* der GPO-Gruppe in London einzusteigen, eröffnete Cavalcanti sodann die Möglichkeit, mit Ton zu experimentieren und seine kreativen Bedürfnisse auszuleben. Mit Griersons Angebot konnte sich Cavalcanti von der langweiligen Arbeit im kommerziellen französischen Kino befreien. Er verließ Frankreich in Richtung einer großen, innovativen Erfahrung.

2.2. England – ein Experimentierfeld für den Tonfilm

> The credits on the documentary films of this period are very untrustworthy. We were not greatly concerned with them, and everything was done in such a spirit of complete cooperation that it was difficult to credit everyone who worked on every film. Every one helped and suggested ideas.[25]

Cavalcantis Wegzug aus Frankreich muss in unmittelbarem Zusammenhang mit dem wichtigen, historischen Moment in der Geschichte des Kinos betrachtet werden, in dem der Tonfilm auftauchte.

Die GPO Film Unit, eine Unterabteilung des britischen General Post Office, wurde gegründet, um über die Arbeit dieser öffentlichen Institution zu informieren und für ihre Dienste zu werben. Cavalcanti sah hier die Möglichkeit, den Ton im Film kreativ zu erforschen und seine Ideen in die Praxis umzusetzen. Grierson schätzte den erfahrenen Cavalcanti und war überzeugt, dass er sein Wissen den anderen Mitarbeitern vermitteln könne. Für die technischen Schwierigkeiten mit der neuen Erfindung mussten Lösungen gefunden und die ästhetischen Konventionen der Ton-Bild-Beziehung konsolidiert werden.

Unter der Leitung von Grierson – und später unter der von Cavalcanti – produzierte die GPO zwischen 1934 und 1939 grundsätzlich Kurzfilme. Thematisch fokussierten die Filme auf die Aspekte der Post und deren Kommunikationssystem. Bevor die GPO Film Unit gegründet wurde, war Grierson im Empire Marketing Board (EMB) engagiert, einer Filmabteilung der britischen Regierungsbehörde zur Förderung der Beziehungen zwischen Großbritannien und seinen Kolonien. Ian Aitken (1998) weist darauf hin, dass Grierson schon in der EMB junge Regisseure wie Basil Wright, Paul Rotha und Edgar Anstey um sich versammelte. Später sollten sie und andere talentierte Regisseure zur GPO wechseln (vgl. Aitken 1998: 03).

---

25 Aus einem Interview mit Cavalcanti für die Zeitschrift *Screen*, Jg. 13, Nr. 22, „Interview: Alberto Cavalcanti" in Hillier et al. 1972: 37–47 (in *We Live in Two Worlds*. The GPO Film Unit Collection. Bd. 2).

2.2.1. *Drifters* – der Beginn der britischen Dokumentarfilmbewegung

Im EMB entstand *Drifters* (1929), das erste bedeutende Werk der neuen britischen Dokumentarfilmbewegung. Der Dokumentarfilm, bei dem Grierson Regie führte, thematisiert die Heringsfischerei in der Nordsee. Im Stil von Robert Flaherty registriert Grierson den Alltag der Fischer und begleitet sie auf ihrem Boot und beim Verkauf ihres Fanges auf dem Markt. Griersons Gestaltung durch Parallelmontage folgt einer Ästhetik, die sich stark an den sowjetischen Filmproduktionen orientiert, besonders dem sowjetischen Montagekino von Sergei Eisenstein. Die Montage mischt konkrete Informationen mit poetischen Abstraktionen. So werden beispielsweise in einer Szene Bilder schlafender Fischer parallel zu Aufnahmen von Fischen, die sich rhythmisch im Meer bewegen, montiert. Die realistischen Bilder der unruhigen Fische verwandeln sich in abstrakte Bilder. Die rhythmische Montage, die das Innen und Außen, die Ruhe und Aufregung kontrastierend darstellt, ist von visueller Poesie geprägt. Dieser Film hat aus der Sicht von Sarah Barrow (2008) geholfen, Dokumentarfilme als ein eigenes Genre zu etablieren. Barrow interpretiert diese Bilder folgendermaßen: „The gently rolling rhythm (evocative of the movement of the boat) and mesmerising, hypnotic images that make subtle yet effective use of soft focus, dissolves and super-impositions, give *Drifters* a quality that has been described by many as poetic" (Barrow 2008: 24).

In diesem frühen Dokumentarfilm finden sich Merkmale, die später auch in der Filmproduktion der GPO erscheinen, wie das alltägliche Leben von Repräsentanten der Arbeiterklasse, die als Heldenkollektiv dargestellt werden. Zum Teil inszenieren diese sozialen „Typen" ihre eigene Wirklichkeit. Mit der Wahl von Vertretern der Arbeiterklasse als Hauptfiguren beabsichtigte man, die Klassengegensätze der damalige Zeit abzubauen. Dieses Konzept gründet auf Griersons humanistischer und sozialer Einstellung. Er verfolgt politische und pädagogische Anliegen und strebt an, komplexe Zusammenhänge der modernen Gesellschaft zu vermitteln. Für ihn sollte der Film als populäres Bildungsinstrument dienen, um einen nationalen Konsens aufzubauen, denn Griersons war davon überzeugt, dass die Medien eine entscheidende Rolle bei der Gewährleistung der Stabilität der Gesellschaft zu spielen hätten. Seine soziale und poetische Auffassung des Dokumentarfilms legt er selbst in einem Text von 1933 dar (vgl. Grierson 2006).

Für Barrow (2008) ist *Drifters* der Gründungsfilm der britischen Dokumentarfilmbewegung und markiert eine neue Phase der Filmproduktion in Großbritannien:

„With this film, John Grierson established a new approach to cinema, combining a deliberately creative treatment of reality with a strong ethical belief in the role, film should play in building a democratic and unified society" (Barrow 2008: 22). Grierson war der Ansicht, dass der Dokumentarfilm sich grundsätzlich von den auf Fakten bezogenen Wochenschauen unterscheiden sollte. Für ihn sind die Eindrücke der Wirklichkeit, des sozialen Lebens und die visuelle Einfühlung in die gewöhnlichen Geschichten wichtiger als die Ereignisbezogenheit. Seine Prämisse ist die *schöpferische Gestaltung der Wirklichkeit* (vgl. Grierson 2006: 91). So hebt Grierson das Leben der Fischer in *Drifters* auf eine sehr poetische Weise hervor. Ihr Alltag kontrastiert mit Aufnahmen von Himmel, Wasser, Vögeln und Fischen, aber auch mit Aufnahmen vom alltäglichen Kampf von Tieren untereinander oder des Menschen gegen die Naturkräfte. Höhepunkte und dramatische Momente fokussieren auf Fische, die von Raubfischen angegriffen werden.

Dieser poetische Dokumentarfilm vermittelt Eindrücke vom Leben der Fischer besser als die Informationen einer Wochenschau. Die Idee der visuellen Poesie im Dokumentarfilm ist in den folgenden Jahren weiterhin in den Produktionen der GPO Film Unit zu finden. Dabei wird ein neues Element – der Ton – zu dieser Poesie beitragen. Und hier liegt die Bedeutung von Alberto Cavalcanti, der hinter den experimentellen Innovationen der Tonproduktion steht, die in der GPO Film Unit in den 1930er Jahren erfolgte.

2.2.2. Cavalcanti – eine Schlüsselfigur des Tonfilms

Obwohl Cavalcanti verschiedene Funktionen in der GPO Film Unit übernahm, zeichnete sich seine langjährige Mitarbeit im Umfeld der Grierson Gruppe vor allem durch seinen Beitrag im Bereich des Tons aus. In verschiedenen Artikeln und Interviews unterstreicht Cavalcanti, dass die GPO ein offenes Feld für Experimente mit Bild und Ton bot. In diesem Umfeld strebte Cavalcanti an – ganz im Sinne Griersons –, den Realismus mit der Poesie zu verbinden:

> Die Funktion des Tons für die Entwicklung der Poesie des Kinos wurde durch die Experimente geklärt, die im englischen Dokumentarfilm unternommen wurden, als sich eine Widerstandsbewegung gegen den undifferenzierten Gebrauch der Musik bildete, sowie gegen die Verpflichtung der [Bild-] Synchronizität mit der Sprache und den

Geräuschen, was die Schaffung des Tons als Symbol zur Folge hatte.[26] (Cavalcanti 1957: 245)

Schon 1934, in einem Artikel für *Sight and Sound*[27], bemerkt Grierson, dass der Dokumentarfilm eine Pionierarbeit für das Kino übernimmt, wenn sich das Mikrofon vom Studio emanzipiert und an den Schnittpulten und Re-Recording-Bänken gezeigt wird, wie viele weitere dramaturgische Anwendungen von Klang möglich sind (vgl. Grierson 2008: 29).

Die GPO ermöglichte Cavalcanti, in Zusammenarbeit mit Griersons Team, im weitläufigsten Sinne zu experimentieren. Cavalcanti stellte sich der Herausforderung, den Ton kreativ statt rein reproduktiv einzusetzen. Das ganze Team hatte die enormen Möglichkeiten dieser neuen Tontechnologie begriffen, besonders deren Potenzial für eine dramatische und poetische Steigerung des Films durch den Ton. Zudem schreibt Grierson:

> Sound can obviously bring a rich contribution to the manifold of the film – so rich a contribution in fact that the double art becomes a new art altogether. We have the power of speech, power of music, power of natural sound, power of commentary, power of chorus, power even of manufacturing sound which has never been heard before. And these different elements can all be used to give atmosphere, to give drama, to give poetic reference to the subject in hand. (Grierson 2008: 24)

Als erstes begann Cavalcanti, den Klang von seiner ursprünglichen Quelle zu befreien. So entstanden Geräusche, die als Symbole gelesen werden konnten, da die Verbindung zur Quelle unterbrochen wurde. Es scheint, dass Cavalcanti schon im Stummfilm diese Möglichkeit der symbolischen Verwendung von Klängen und Musik erkannt hatte. So erzählt er von einer frühen Erfahrung mit der Orchestrierung eines Stummfilms:

> Ein Flugzeug flog auf uns zu. Der Dirigent unterbrach das Orchester abrupt, und ein fremdartiges, erschreckendes Geräusch setzte ein und wurde lauter und lauter. Es klang nicht wie ein Flugzeug, sondern sehr Furcht erregend [...]. Es war ein Geräusch, das mir schon ein Leben lang bekannt war – ein offenes Becken, das mit zwei weichen

---

26 „O papel do som na evolução da poesia do cinema foi resolvido pelas experiências realizadas no documentário inglês, quando houve um movimento de rebeldia contra o uso indiscriminado da música, contra a obrigatoriedade do sincronismo na palavra e nos ruídos, dando início à criação do simbolismo sonoro." (Alle Übersetzungen aus dem Portugiesischen stammen von der Autorin).

27 Dieser Artikel erscheint wieder in der GPO Film Unit Collection, Bd.1, British Film Institute, 2008 S. 21–29.

Trommelschlegeln angeschlagen wurde [...]. Es hatte seine Identität verloren und nur sein dramatisches Potenzial behalten, das sich nun in Zusammenhang mit dem Bild entfaltete. (Cavalcanti zit. in Flückiger 2002: 127)

Für Grierson öffnet sich die ganze Kraft der Klangbilder erst, wenn in der Praxis die Töne durch die Bearbeitung ihr latentes Potenzial hervorbringen. Cavalcantis Dokumentarfilm *Pett and Pott* (1934) ist nach Grierson ein Meilenstein in der historischen Entwicklung des Tonfilms (vgl. Grierson 2008: 28). Diese satirische Komödie entstand als Werbung der GPO für das Haustelefon und inszeniert zwei Familien als Protagonisten: Die eine besitzt ein Telefon und versucht die andere, die kein Telefon hat, vom Vorteil dieser technischen Errungenschaft zu überzeugen.

Die Tonspur wurde in diesem Film separat erstellt und nachträglich zu den Bildern montiert. Zum Einsatz des Tones beschreibt Jamie Sexton (2008) eine eindrückliche Sequenz, in welcher Mr. Pett und Mr. Pott in der U-Bahn inmitten anderer, gleich gekleideter Geschäftsleute sitzen. Auf die Großaufnahme einer Zeitung mit der Schlagzeile „Einbruch in Vorort" folgt ein Schnitt zu einer Frau, die schreiend in ihrem Bett aufwacht. Dieser Schrei geht im Lärm eines Zuges unter, der in einen Tunnel einfährt und von einem Schnitt zurück in die U-Bahn gefolgt wird (vgl. Sexton 2008: 38). Der Ton wird symbolisch verwendet und wirkt abstrakt. Die surrealistischen Elemente in *Pett and Pott* weisen auf die Erfahrung von Cavalcanti in der französischen Avantgarde hin.

Cavalcanti beschäftigte sich auch mit der Rolle der Musik im Film. Für ihn war es wichtig, dass die Musik nicht als Lückenfüller eingesetzt wird: „Der Musiker sollte den genauen Moment kennen, in dem die Bilder der Realität entwischen und nach einem poetischen Einsatz der Musik verlangen" [28] (Cavalcanti 1957: 171). Die Komponisten der GPO Film Unit waren sich dessen bewusst. Die Künstler, unter ihnen die Komponisten Benjamin Britten und Walter Leigh, und die Dichter W. H. Auden, Louis MacNeice und Dylan Thomas hatten mit den Regisseuren und Produzenten der GPO eine Vielzahl von Filmen realisiert, in denen der Filmton als sehr komplexes gestalterisches Mittel eingesetzt wurde.

---

28 „O músico deve saber o momento preciso em que as imagens escapam ao realismo e solicitam a extensão poética da música."

2.2.3. Sprache, Geräusch und Musik neu kombiniert

Unter Cavalcantis Aufsicht entstanden einige wichtige, innovative Experimente in der Anwendung des Tons. In den Filmen *Song of Ceylon* (1934), *Coal Face* (1935) und *Night Mail* (1936)[29] werden Dialoge, Kommentare, Gedichte und Musik auf der Tonspur vermischt, um dem Film Räumlichkeit zu verleihen und Atmosphäre zu schaffen.

Cavalcanti formulierte sogar eine eigene Theorie für die Anwendung des Tons im Film, die eine besondere Kombination von Musik, Geräusch und Wort anstrebt: „My theory was that noises are subjective, and have an existence of their own. They can extend the visual sense, rather than merely duplicating it in terms of sound" (Cavalcanti zitiert in Hillier, 2009: 21). Zum Umgang mit Bild und Sprache in *Coal Face* und *Night Mail* sagt Cavalcanti: „We disliked commentaries and tried to restrict them to a minimum, but at the same time we recognised the rhythmic possibilities of words" (ibid.).

Song of Ceylon von Basil Wright und John Taylor, mit Musik von Walter Leigh und unter der Tonleitung von Cavalcanti dient als Beispiel für die Entstehung einer neuen Bedeutung durch die Interaktion von Ton und Bild. Schon als Kompositionsstudent von Hindemith hatte Leigh mit neuem Klangmaterial experimentiert und konnte seine Erfahrungen für diesen Film nutzen. *Song of Ceylon*, aufgeteilt in vier Sektionen, stellt das Leben von Singhalesen, ihre religiösen Rituale und Alltagsgewohnheiten, ihre Arbeitswelt und die Einführung der modernen Kommunikationstechnik im täglichen Leben dar. Der erste Teil – *The Buddha* – zeigt das spirituelle Leben der Inselbevölkerung. Es folgt der Teil *The Virgin Island*, der einen Blick auf den Lebensstil der Einwohner wirft. Der dritte Teil – *The Voices of Commerce* – kündigt die Ankunft des modernen Lebens an. Der vierte Teil – *The Apparel of a God* – schließlich kehrt zum geistigen Leben der Singhalesen zurück und verleiht dem Film die Idee von zyklischem Leben.

In *Song of Ceylon* wagt der Komponist Walter Leigh eine raffinierte Interaktion von Klang und Musik. Traditionelle singhalesische Musik und Gonggeräusche werden mit dissonanter Musik durchmischt. Der Komponist folgt der sowjetischen Idee, den Ton kontrapunktisch zu den Bildern zu setzen (vgl. Sexton 2008: 16). Der

---

29 Die Einzelbilder von *Song of Ceylon*, *Coal Face* und *Night Mail* sind aus der The GPO Unit Collection Vol. 1 und 2, 2008.

Soundtrack wird mit synthetischen Tönen in Schichten erzeugt und kunstvoll mit den bearbeiteten Bildern synchronisiert.

Der dritte Teil des Films ist rhythmisch gestaltet. Diese Sequenz zeigt durch summende Geräusche und die Verzerrung von Radiostimmen, wie die moderne Kommunikation im Land eingeführt wird. Die Tonspur dient als Symbol für Transformation und Modernisierung. Nach Sexton signalisiert die schnelle und frenetische Montage, sowohl auf der visuellen als auch auf der klanglichen Ebene, den Kontrast zwischen dem traditionellen Leben der Singhalesen und der Ankunft der moderne Kommunikation: „The soundtrack reinforces the agitated feel of the sequence, pieced together as it is from a number of overlapping economic commentaries and a series of bleeps and crackles" (Sexton 2008: 14).

Aitken sieht Parallelen in der Thematik von *Drifters* und *Song of Ceylon*. Ähnlich wie in *Drifters* die kommunale Welt der traditionellen Arbeit über die Warenwelt des Marktes erhöht wird, werden in *Song of Ceylon (Abbildung 9)* die traditionelle Kultur, der Glaube und die gesellschaftlichen Werte über die kommerzielle Infrastruktur der Werften und Lagerhallen erhoben (vgl. Aitken 1998:16).

Spätere Produktionen der GPO Film Unit setzen weiter auf den Kontrast von Tradition und Modernität, Maschinen und Menschen. *Coal Face* beispielsweise hebt die Verbindungen zwischen den Arbeitern und den mechanisierten Industriestrukturen hervor. Der Film zeigt die Struktur der Kohleindustrie und die Prozesse der Extraktion und Behandlung der Kohle. Mit Versen des Dichters W. H. Auden wurde die Ton-Bild-Beziehung innovativ und intensiv erprobt. Die Arbeitsszenen, die das Leben der Minenarbeiter beschreiben, sind begleitet von der modernistischen atonalen Musik von Benjamin Britten. Der dissonante Einsatz von Musik, gemischt mit Geräuschen, Sprache und Chorgesang erzeugt Reibung zwischen der visuellen und der auditiven Ebene und sorgt für Spannung und Dramatisierung der dargestellten Bilder *(Abbildung 10)*. Cavalcanti schätzt es, wie Britten mit dem kontrapunktischen Einsatz der Musik eine Dramatik bewirkt: „In *Coal Face* benutzt Britten musikalische Effekte und erstaunliche Chöre. Die Fahrt der Bergleute im Aufzug, während man die Stimmen der Frauen hört, die sie beim Namen rufen, ist für mich eine der großen musikalischen Momente im Kino"[30] (Cavalcanti 1957: 171).

---

30 „Em *Coal Face* Britten obteve efeitos musicais e corais admiráveis. A subida dos mineiros no ascensor enquanto se ouvem vozes de mulheres que chamam por seus nomes é, para mim,

Auch wenn die GPO-Filme die Erhaltung von Tradition und humanitären Werten betonen, so werden moderne musikalische Elemente verwendet, die als Metapher der Industrialisierung dienen. Sexton dazu: „The more modernist, complex sound editing is representative of industrialisation more generally: innovative techniques are here equated with the progress of an increasingly technological society" (Sexton 2008: 16).

Abbildung 9 (00:26:27)   *Abbildung 10 (00:06:14)*   *Abbildung 11 (00:05:17)*

Night Mail (Abbildung 11) brachte die bis dahin radikalste Erfahrung mit der Kombination von Bild und Ton innerhalb der GPO Film Unit. Der Film zeigt die Fahrt eines nächtlichen Postzuges von London nach Schottland. Es werden Bilder der Arbeitsabläufe im Zug, mit Landschaftsaufnahmen und Bildern der Maschinerie des Zuges durchsetzt. In der Zusammenarbeit zwischen den Regisseuren Harry Watt und Basil Wright und dem Tonspezialisten Alberto Cavalcanti entstand ein Film mit einer ästhetischen Kombination von Klang und Bildern, welcher – zusammen mit der Musik von Benjamin Britten und den Versen von W. H. Auden – als Gesamtkunstwerk betrachtet werden kann.

Von dieser Zusammenarbeit berichtete Cavalcanti: „Ich glaubte immer daran, dass die Geräusche der Tonspur viel einfacher eine ‚Räumlichkeit' verleihen können als die Musik. Im Fall von *Night Mail* wurden die Bilder des Films gleichzeitig mit ihrer klanglichen Begleitung konzipiert. Andernfalls wären die Geräusche des Zuges zu eintönig gewesen"[31] (Cavalcanti 1957: 174).

---

    um dos grandes momentos musicais do cinema."
31 „Sempre acreditei que o ruído pode dar ‚perspectiva' à banda sonora muito mais facilmente que a música. No caso de *Night-Mail* as imagens do filme foram concebidas ao mesmo tempo que seu acompanhamento sonoro. Se não tivesse sido assim, os ruídos do trem teriam se tornado excessivamente monótonos."

Die Sequenz des Films, in der das Gedicht *Night Mail* von Auden rezitiert wird, ist berühmt geworden, da die Behandlung von Ton und Bild dem Film Rhythmus verleiht. Zunächst werden die Verse im Rhythmus des fahrenden Zuges monoton gesprochen. Als sich der Zug seinem Ziel nähert, steigert sich die Geschwindigkeit der Montage, und die Bilder werden abstrakter. Eisenbahnräder, Gleise, Stromleitungen und rennende Tiere erscheinen nebeneinander in einer hektischen Bildmontage zu dissonanter Musik, zu Geräuschen und gesprochenen Versen, bis der Film wieder in langsamer Geschwindigkeit endet.

In den späteren Dokumentarfilmen von GPO sind auch weitere experimentelle und avantgardistische Beispiele der Interaktion von Ton und Bild anzutreffen. Um eine entsprechende Erweiterung der Tonsprache zu erlangen, wurden synthetische Töne im Studio produziert, der Klang verschiedener Materialien erforscht sowie Gesang und Instrumente mit *extended technique* gespielt.

Das Ergebnis dieser innovativen Art mit dem Ton umzugehen, sollte nach Sexton im Zusammenhang mit anderen Künsten gesehen werden:

> Some of this work can be placed, for example, within a lineage of modernist attempts to expand the range of sounds included within compositional work, dating back to Luigo Russolo's 1913 manifesto ‚The Art of Noises' and including Walter Ruttman's montage of street life in his radio symphony *Weekend* (1930). The incorporation of mechanical rhythms and the arrangement of a broad range of everyday noises also prefigures the practice of musique concrète with its emphasis on editing together found sounds. (Sexton 2008: 19)

2.2.4. Experimente im Bereich von Ton und Farbe

Die Innovation der GPO Films ging aber über die Klangwelt hinaus. Michael O'Pray (2009) bezieht sich auf die breite und reiche Palette der GPO Produktion, die mit verschiedenen Techniken und Konzepten experimentierte: „[...] from pastiches, to modernist machine aesthetic, to abstract colour animation, to object animation through pixilation, to cut-out cartoons, through to comic narrative" (O'Pray 2009: 10).

Len Lye beispielsweise schuf mit *A Color Box* (1935) einen abstrakten Film ohne Kamera, indem er Bilder direkt auf das Zelluloid malte und kratzte. Es war eine innovative Form, mit den Farben umzugehen, sie zählt zu den wichtigen Animationsfilmexperimenten. Lye wird als früher Pionier des Experimental- und Farbfilms angesehen, aber auch als Erfinder des Musikvideo-Genres, weil er in seinen Filmen

Musik in engem Bezug zu den Bildern konzipiert, wie in *Rainbow Dance* (1936) und *Trade Tattoo* (1937). Er war ursprünglich Bildhauer, aber auch der Kunst der Bewegung zugewandt. Das gleichzeitige Interesse an Filmen und kinetischen Skulpturen erklärt Leys Biograph Roger Horrocks mit folgenden Worten: „He saw film and kinetic sculpture as two aspects of the same art of motion, a new form of art" (Horrocks 2009: 83). Seine Theorie erklärt Lye in einer Reihe von Essays, die im Buch *Figures of Motion* (1984) zusammengetragen wurden.

O'Pray (2009) sieht es als großes kulturelles Paradox, dass der wesentliche Beitrag zum britischen Experimentalfilm in den Zwischenkriegsjahren aus einer staatlichen Organisation stammt. Die Produktionen der GPO-Filmemacher entsprechen seiner Ansicht nach in einem kleineren Maßstab dem, was Eisenstein und Vertov im Dienste der Kommunistischen Partei nach der Revolution 1917 in Russland schufen. Filme, die als „Kunst" bezeichnet werden, erfüllen selten die Anforderung der Massenkommunikation als Bildungsinstrument (vgl. O'Pray 2009: 9). Obwohl Grierson mit seinen Filmen soziale Absichten verfolgte, visierte er gleichzeitig hohe ästhetische Ziele an. Er förderte den individuellen Stil der Künstler und Filmemacher bei der Unit. O'Pray aber bemerkt, dass es bei GPO kaum einen Film gibt, der ein reiner und weckloser Experimentalfilm ist. Grierson war gegen die Idee von „l'art pour l'art" und schätzte das Experiment, solange es mit seinem Ideal von Kommunikation und Fortschritt verbunden war: „For him, form without meaningful content slipped into aestheticism, and content without attention to form was usually dull and boring" (ibid.).

Nach Aitken (2008) haben diese und andere Fragen einige Kontroversen um Grierson entfacht. Ihm wurde zum Beispiel unterstellt, die ästhetische und kritische Dimension zugunsten der Sozial- und Bildungsfrage zu vernachlässigen. Aitken meint aber: „This view is simplistic as, throughout his career, Grierson attempted to retain a dialectical tension between the aesthetic and socially purposeful aspects of the documentary film" (Aitken 2008: 65).

Die soziale Thematik ist eine Konstante in der britischen Dokumentarfilmbewegung. In den früheren Filmen – so Aitken – , erscheinen die Fragen der ländlichen und regionalen Identität und der Darstellungen von Arbeiterkultur und Handwerkskunst. Später rücken Großstadtleben und Kultur zunehmend in den Vordergrund (vgl. Aitken 1998: 12). Die drei Filme *Song of Ceylon*, *Coal Face* und *Night Mail* kennzeichnen diesen Übergang.

2.2.5. Der Tonfilm und der Stil der Montage

In Bezug auf den Montagestil hat die Einführung des Tons wesentliche Veränderungen in der Stilistik der englischen Dokumentarfilme gebracht. Griersons Modell, das von einer poetischen Montage gekennzeichnet ist und mit *Drifters* anfängt und nach *Song of Ceylon* zu verschwinden beginnt, wird vom wachsenden Einfluss des Tonfilms eingeholt. Zum früheren Montagemodell von Grierson sagt Aitken: „In many respects this early model can be regarded as a product of the silent cinema, and of the concern with visual orchestration and symbolic expression which characterised much silent film theory, from German Expressionism to the theories of Balázs and Arnheim" (Aitken 1998: 18). *Night Mail* steht im Mittelpunkt einer radikalen Änderung der Stilistik. Zum visuellen Narrativ gehört jetzt die vielfältige, akustische Erzählung, die durch Dialoge, Musik, Gedichte und Geräusche Poesie schafft. Aitken beobachtet, wie nach *Night Mail* die Filmproduktion der GPO einen immer naturalistischeren Ansatz adoptiert hat, mit unsichtbarem Schnitt, Off-Kommentar und visueller Erzählung. Der Film *The City* (1939) von Alberto Cavalcanti beispielsweise verwendet einen naturalistischen Stil in der Erzählkonstruktion sowie im visuellen Ausdruck und ist typisch für die späteren GPO-Filme (vgl. Aitken 1998: 20). *The City* zeigt die Schwierigkeiten mit den Verkehrsstaus in der Innenstadt Londons und den Einfluss der Autos auf soziales und kulturelles Verhalten der Menschen.

2.2.6. Geburtsstunde des Story-Dokumentarfilms

Im Jahre 1937 verlässt Grierson die GPO Film Unit und übergibt Alberto Cavalcanti die Führung. Nach und nach verändert sich der dokumentarische Stil. Ende der 1930er Jahre entwickeln sich die Produktionen in Richtung einer Synthese zwischen Dokumentar- und Spielfilm. Der Story-Dokumentarfilm macht den größten Teil der Produktionen aus dieser Zeit aus. Unter der Leitung von Cavalcanti erscheint Harry Watts *North Sea* (1938) und Humphrey Jennings' *Spare Time* (1939). Statt die Arbeitsbedingungen der Industriearbeiter zu zeigen, dokumentiert Jennings in *Spare Time* die Freizeitgestaltung. Mit wenigen Kommentaren werden kurze Szenen verschiedener Unterhaltungsaktivitäten mit Musik und Geräuschen zusammengesetzt. Für O'Pray zeigt dieser Film „perhaps for the first time in British cinema a lyrical mode of filmmaking in which the filmmaker's feelings about their subject matter shape the material" (O'Pray 2009: 12-13).

Watts Dokumentarfilm *North Sea* vertritt diesen neuen Stil, der vom früheren Modell von Griersons Dokumentarfilm fast keine Spur mehr enthält. Es handelt sich dabei um die Rekonstruktion eines realen Vorfalls, bei dem ein Trawler in einen schweren Sturm in der Nordsee geriet. Der Film erreichte das Ziel, das sich Watt und Cavalcanti gesteckt hatten: ein naturalistisches Dokudrama zu drehen, das auch kommerziell erfolgreich war. Sie wollten auch den Naturalismus des Dokumentarfilms mit dem unsichtbaren Schnitt des fiktiven Realismus verbinden (vgl. Aitken 1992:147).

Sowohl Watt als auch Cavalcanti waren davon überzeugt, dass die Zukunft des Dokumentarfilms in einer engeren Beziehung zum kommerziellen Kino lag. Cavalcanti war mit Griersons Konzeption des Dokumentarfilms nicht (mehr) immer einverstanden und trat für eine breitere Definition von realistischem Kino ein, das eine Vielzahl von Filmstilen unterbringen könnte.

Cavalcanti anerkannte, wie meisterhaft Grierson die Dokumentarfilmbewegung geführt hatte, und er schätzte besonders den Geist der Zusammenarbeite in der GPO Film Unit. Doch in einem Interview, das er Elizabeth Sussex 1975 gewährte, bedauerte Cavalcanti die Abwesenheit seines Namens in vielen wichtigen Produktionen der GPO. Auf Sussex' Frage, was genau in den Abspanntiteln falsch sei, antwortete er:

> My name is not on *Coal Face*, says Cavalcanti: I cut the film completely myself, the whole conception of the sound. It was library film. Harry shot one sequence, and Jennings shot one sequence. We used some of the old Flaherty tests. I faked [...] – I did lots of shooting in the studios to be able to cut the Flaherty material in, and I wasn't given a credit. (Cavalcanti in Sussex 1998: 183)

Die Fragen des Filmabspanns bei den Filmen des GPO sind kontrovers und werden immer wieder in verschiedenen Artikeln aufgegriffen. Doch wurden in den letzten Jahren Korrekturen dazu vorgenommen. In der restaurierten „*The GPO Film Unit Collection*" (Vol. I 2008, Vol. II. 2009, Vol. III 2012), herausgegeben vom The British Postal Museum and Archiv, werden die Teilnehmer mit ihren Funktionen zitiert, teilweise mit dem Vermerk „uncredited" in Klammern.

Für Sussex ist es offensichtlich, dass der Beitrag Cavalcantis für den englischen Dokumentarfilm, der in erster Linie ein ästhetischer Beitrag war, im Verhältnis zu den sozialen Protagonisten, die direkt von Grierson unterstützt wurden, immer abgeschwächt wurde (vgl. Sussex 1998: 184). Es ist bekannt, dass Cavalcanti und

Grierson unterschiedliche Standpunkte in Bezug auf den Film vertraten. Eine große Meinungsverschiedenheit bestand über das Etikett „Dokumentarfilm", denn Cavalcanti war gegen diese Bezeichnung. Dazu kommentiert er:

> I thought films are the same, either fictional or otherwise, and I thought that films ought to go into cinemas. Grierson little by little started creating the theory that they should be put in a different, what he called non-theatrical circuit, and I thought it was as silly as calling those films documentary. I say, if films are good, they should and could be shown anywhere. There is no reason why they should be destined only for the parsons and for the church halls, etc. (Cavalcanti in Sussex 1998: 189)

Grierson bestand auf der Bezeichnung Dokumentarfilm, da es für seine Vorgesetzten seriöser klang. Zu dieser Zeit begann Cavalcanti den Ausdruck Neorealismus zu verwenden, um den Realismus, der diese Bewegung prägte, zu umschreiben. Dies geschah lange bevor die Bewegung des Neorealismus in Italien entstand.

In einem Artikel von 1937 bezeichnet Cavalcanti die Gruppe von Mitarbeitern um John Grierson als „neorealistische Bewegung in England". So schreibt er: „To date, the neo-realist movement has produced around four hundred films whose subjects reflect the life and activity of England, films whose educational value, in the best sense of the word, is indisputable" (Cavalcanti 1988: 236). Auch wenn einige gemeinsame Merkmale in beiden Bewegungen zu finden sind, zeichnet sich der italienische Neorealismus durch andere Eigenschaften aus (vgl. Kapitel 3).

Cavalcantis Werk *Film and Reality* (1942) weist darauf hin, was er unter Realismus versteht. Im Auftrag des *British Film Institute* bringt Cavalcanti in diesem Film eine Sammlung von Auszügen aus realistischen Filmen aller Zeiten zusammen. Der Film zeigt unter anderem Ausschnitte aus Filmen von Marey und den Brüdern Lumière sowie aus Bildungsfilmen und Aktualitätensendungen, aber auch medizinische Röntgenfilmbilder. Die frühen britischen Dokumentarfilme wie *Drifters* oder *Song of Ceylon* werden hier als romantische Dokumentarfilme über ferne Orte vorgestellt, im Sinne von Flahertys Filmen, während *Rien que les heures* und *Night Mail* als realistische Dokumentarfilme über den Alltag erscheinen. Es folgt eine Sektion mit Auszügen aus fiktionalen Filmen, in denen unter anderem Autoren wie Mauritz Stiller, James Cruze, Sergei Eisenstein, Ferdinand Zecca, Georges Méliès, G. W. Pabst und Jean Renoir erscheinen. *Film and Reality* zeigt letztlich, dass Cavalcantis Realismus als breiter Begriff zu verstehen ist, der in verschiedensten Arten von Filmen anzutreffen ist. Diese gewagte Kompilation von Filmen provozierte natürlich eine große Kontroverse und trennte die Filmemacher in Befürworter und Gegner von Cavalcantis Vorschlag, den Realismus aus einem neuen ästhetischen Gesichtspunkt zu betrachten und anzuerkennen, dass viele Spielfilme zum Teil auch dokumentarisch sind. Grierson argumentiert daraufhin, dass der Hauptzweck des Dokumentarfilms ein sozialer sei. Paul Rotha stellt sich vehement gegen Cavalcantis Ansicht und behauptet, dass der Dokumentarfilm einer einzigen Person zugeschrieben werden kann, nämlich John Grierson (vgl. Sussex 1998: 197).

Mit dem Ausbruch des Zweiten Weltkriegs wurde die Filmabteilung der GPO dem Informationsministerium unterstellt und in *Crow Film Unit* umbenannt. Mit der Absicht, die Einheit der Nation zu fördern, begann die neue Firma Propagandafilme zu produzieren. Der bedeutendste Film aus dieser Zeit ist *Listen to Britain* (1942) von Humphrey Jennings. Der Film zeigt Alltagsszenen aus dem Krieg und versucht den Durchhaltewillen, die Solidarität und die nationale Zusammengehörigkeit der Bevölkerung an der Heimfront zu stützen. Jennings verwendete unterschiedliche Klänge und die Stimmen von Menschen verschiedener Klassen, zu Hause oder am Arbeitsplatz. Die Stimme des Volkes diente als Symbol der Einheit und die Klänge und die Lieder, durch das Radio verbreitet, sollten die Bevölkerung geistig und emotional verbinden.

2.2.7. Cavalcanti wechselt zu Ealing

Die beruflichen Laufbahnen von Cavalcanti und Grierson haben sich in diesem historischen Moment getrennt. Nach der GPO arbeitete Grierson zunächst für die Förderung und Expansion der britischen Dokumentarfilmbewegung außerhalb des Staatsapparates im *Film Center*. Danach verließ er England und ging nach Kanada, wo er die nationale Filmproduktionsgesellschaft *National Film Board of Canada* gründete und leitete (vgl. Aitken 2008: 64-65). Als Brasilianer durfte Cavalcanti die Leitungsfunktion der neuen *Crow Film Unit* nicht weiterführen und lehnte das Angebot, die britische Nationalität anzunehmen, ab, da er nicht bereit war, seine Nationalität zu wechseln. Cavalcanti schloss sich 1940 den Ealing Studios an, wo er für den Produzenten Michael Bacon arbeitete und in verschiedenen Funktionen tätig war. Am Anfang drehte er noch Dokumentarfilme, unter anderem *Yellow Caesar* (1941), eine Parodie auf Mussolini, um später ausschließlich Spielfilme zu realisieren. Zu Cavalcantis wichtigsten Werken bei Ealing gehören der Propagandafilm *Went the Day Well?* (1942), *Dead of Night* (1945), *They Made Me a Fugitive*

(1947) und *For Them that Trespass* (1949). Der Episodenfilm *Dead of Night*[32] gilt als Klassiker des Horrorfilms. Am bekanntesten ist die Bauchredner-Episode *(Abbildung 12, Abbildung 13)*, die unter der Regie von Cavalcanti gedreht wurde.

Abbildung 12 (01:28:00)   *Abbildung 13 (01:35:52)*

Die Arbeit in den Ealing Studios ermöglichte Cavalcanti, die ästhetischen Tendenzen, die seine Filme schon immer geprägt hatten, zu verbinden. Für Sussex vereint *Went the Day Well?* die meisten Themen, die Cavalcantis Arbeit durchziehen: die dokumentarische Authentizität, das Drama, den Surrealismus (vgl. Sussex 1998: 195).

In diesem Film besetzen als Engländer verkleidete deutsche Soldaten ein englisches Dorf, um eine Invasion vorzubereiten. Sie halten die Bewohner gefangen, die nun versuchen, zu entkommen und die Britische Armee zu informieren.

Sussex staunt über Cavalcantis präzise Darstellung der *britishness*, dies obwohl Cavalcanti Ausländer ist. Über den Surrealismus des Films schreibt Sussex:

> That surrealism is part of Cavalcanti's view of life has been evident from the outset, but the British are not naturally given to understanding surrealism or the various extensions or applications of it. As far as Cavalcanti is concerned, we are likely to be much more impressed by the surrealist shock tactics of *Dead of Night* than by the grim humour of certain scenes in *Went the Day Well?* where realism has simply been carried a stage further into surrealism. (Sussex 1975: 196)

Für die Produktionen im Ealing Studio brachte Cavalcanti seine große Erfahrung als Szenenbildner, Tonspezialist, Produzent, Regisseur und Drehbuchautor mit. Hier konnte er das Gelernte aus der französischen Avantgarde, sei es aus dem Sur-

---

[32] Die Einzelbilder von *Dead of Night* sind aus der DVD *Au Coeur de la Nuit* von Canal+Video 2002.

realismus oder dem Poetischen Realismus, in den Spielfilmen umsetzten. Aber auch seine Erfahrung in der britischen Dokumentarfilmbewegung floss in diese Filme ein.

Griersons Prämisse bezüglich des Dokumentarfilms war es, der Realität treu zu bleiben. Das reale Leben sollte als Grundlage für eine schöpferische Gestaltung der Wirklichkeit dienen. In anderen Worten: Statt einer direkten Beschreibung des „naturgegebenen Stoffes" wird dieses Material schöpferisch modelliert. Die Inszenierung mit Laienschauspielern, die zu sozialen Helden werden, bezweckt, das Interesse des Publikums auf wesentliche Fragen zu lenken. Grierson hatte mit seiner Arbeit soziale Absichten verfolgt und glaubte, dass der Dokumentarfilm die Aufgabe habe, das Volk zu bilden und zu vereinen. Aus diesem Grunde dokumentierte er das Leben der Menschen in ihrer Heimat. Cavalcanti hatte eher ästhetische Intentionen und sah keine harte Grenze zwischen Dokumentar- und Spielfilm. Unter seiner Leitung wurden die GPO Filme nach und nach narrativer.

Diese Auffassung ist auf verschiedene Weise bis heute präsent, wie zum Beispiel in der Form der Dramatisierung und Inszenierung der Wirklichkeit im heutigen Dokumentarfilm. Cavalcanti bezeichnete diese Art von Wirklichkeitsdarstellung als „neo-realist". In allen Werken der britischen Dokumentarfilmbewegung steckten Kriterien, die später im italienischen Neorealismus wieder aufgenommen wurden. Der Einsatz von Laiendarstellern beispielsweise, ist in praktisch allen neorealistischen Filmen vorhanden. Aber auch kollektive statt individuelle Helden wie in *La Terra Trema* (1948), verflachte Narration der alltäglichen Chronik wie in *Umberto D* (1952), Originalschauplätze wie in *Roma, città aperta* (1945) oder mosaikartige Strukturen oder Episodenfilme wie *Paisà* (1946) zeichnen diese Bewegung aus. Diese und andere Charakteristiken führen die Forscher des Neorealismus zur Frage: Welche Rolle hat der Dokumentarfilm in der Formation des neorealistischen Films gespielt? Auf dieses Thema wird später im theoretischen Kapitel 3 eingegangen. Zuerst folgt nun ein Überblick über Cavalcantis Erfahrungen und Produktionen in Brasilien.

2.3. Brasilien – der Aufbau einer Filmindustrie

> Le Brésil, autant le dire franchement, a été un désastre pour moi. C'est-à-dire que c'est un pays très déroutant. On y boycotte systématiquement les gens du pays qui y reviennent après s'être fait connaître ailleurs [...][33]

Ende der 1940er Jahre gründete in São Paulo eine Gruppe von Unternehmern aus der Oberschicht die „Companhia Cinematográfica Vera Cruz" mit dem Ziel, eine brasilianische Filmindustrie aufzubauen[34], deren Produktionen mit dem internationalen Markt konkurrieren können sollten. Es wurden riesige Filmstudios gebaut *(Abbildung 14, Abbildung 15)* und ausländische Techniker ins Land geholt, um Filme mit dem Qualitätsniveau von Hollywood zu produzieren, die jedoch gleichzeitig im europäischen Stil gestaltet sein und nationale Themen beinhalten sollten.[35]

Abbildung 14   *Abbildung 15*

---

33 Brasilien, ehrlich gesagt, war eine Katastrophe für mich. Es ist ein sehr verwirrendes Land. Man boykottiert systematisch die Landsleute die zurückkehren, nachdem sie anderswo bekannt wurden. (Übers.: S.M.) Aus einem Interview mit Cavalcanti für die Zeitschrift *Ecran*, 30: „Entretien avec Alberto Cavalcanti" in Beylie et al. (in Pellizzari/ Valentinetti, 1988: 363).

34 Die Einzelbilder vom Bau der Studios der Vera Cruz stammen aus Recuperação dos Documentários da Cia. Cinematográfica Vera Cruz (BR 2006) - *Obras Novas - Evolução de uma Indústria* (BR 1951).

35 Die biografischen Hinweise zu Cavalcanti im Kapitel 3.2 stammen von Hermilo Borba Filho: „Une vie" (in Pellizzari/ Valentinetti, 1988: 166–171).

Als Produzent der Gesellschaft wurde Alberto Cavalcanti, der Brasilianer mit der größten Erfahrung im internationalen Filmschaffen, eingeladen. Cavalcanti war bereits bekannt durch sein Mitwirken in der französischen Avantgarde und seine Beteiligung an der britischen Dokumentarfilmbewegung. Etwas weniger bekannt waren seine englischen Spielfilme, die in den Ealing Studios in den 1940er Jahren entstanden.

Durch seine internationale Erfahrung war Cavalcanti die ideale Person, um die Companhia Vera Cruz aufzubauen. Jedoch wurde seine Zeit in der Vera Cruz von Turbulenzen und betrüblichen Erlebnissen überschattet. Cavalcanti konnte seine Projekte wegen mangelhafter Organisation und Intrigen nicht verwirklichen. Die Gesellschaft schloss 1954, nach nur vierjährigem Bestehen ihre Pforten.

2.3.1. Wie Cavalcanti zu Vera Cruz kam

Eine Einladung des einflussreichen Journalisten Assis Chateaubriand[36], einem der Gründer des Museu de Arte de São Paulo (MASP[37]), brachte Cavalcanti 1949, nachdem er 36 Jahren in Europa verbracht hatte, nach Brasilien zurück. São Paulo erlebte damals dank einer industriellen Blütezeit eine florierende kulturelle Epoche. Doch die Mentalität und die Arbeitsbedingungen waren anders als das, was sich Cavalcanti von Europa gewohnt war. Claudio Valentinetti (1988) beschreibt das Klima des damaligen kulturellen Milieus wie folgt:

> São Paulo est à l'avant-garde du progrès industriel, tout en conservant une certaine mentalité coloniale, provinciale ou petite-bourgeoise, comme on voudra. Mais la richesse est présente et elle se remarque. Beaucoup prospèrent dans cette immense et nouvelle terre de conquête. Parmieux, par exemple, Assis de Chateaubriand, un – Charles Foster Kane – né sous les tropiques, qui offre aux dames (et jusqu'à la reine d'Angleterre dit-on) de magnifiques joyaux signés Christian Dior tout en portant le revolver à la ceinture, une extraordinaire combinaison de nouveau riche et de vieux *fazendeiro*.[38] (Valentinetti 1988: 43)

---

36 Assis Chateaubriand war Verleger mehrerer Zeitungen und Besitzer eines nationalen Fernsehsenders (TV Tupi).
37 MASP – Museu de Arte de São Paulo – ist bis heute das wichtigste Kunstmuseum von Lateinamerika. Der Galerist und Kunstkritiker Pietro Maria Bardi gründete das Museum mit Assis Chateaubriand im Jahre 1947. Die Architektin und Designerin Lina Bo Bardi gestaltete das aktuelle Museum, das 1968 eingeweiht wurde.
38 São Paulo ist an der Spitze des industriellen Fortschritts, während es eine gewisse koloniale,

Cavalcanti führte im MASP eine Reihe von Konferenzen zur Kunst im Kino durch, und seine Präsenz in São Paulo hatte erhebliche Auswirkungen auf das kulturelle Leben der Großstadt. Der brasilianische Regisseur Nelson Pereira dos Santos, der zur dieser Zeit Dokumentarfilme drehte und später zu den Begründern des *Cinema Novo*[39] gehörte, beschreibt die kulturelle Szene in São Paulo und die Wichtigkeit von Cavalcanti für die junge Generation, die begierig darauf war, Film zu machen, folgendermaßen:

> La présence de Cavalcanti à São Paulo, venu pour y donner ses leçons de cinéma, eut de grandes répercussions. Après avoir vu et discuté tant de films importants, après avoir connu les néo-réalistes et avoir compris les possibilités d'un tel courant, voilà qu'arrivait Cavalcanti et ses cours qui nous enseignerait à faire du cinéma. À la même époque fut fondée la Vera Cruz. D'un coup, il exista deux pôles d'attraction pour les jeunes qui voulaient faire quelque chose, sans savoir précisément quoi, et qui avaient décidé de faire du cinéma.[40] (Pereira dos Santos zitiert in Valentinetti 1988: 47)

Nach seiner Vortragsreihe erhielt Cavalcanti eine Einladung des wohlhabenden Industriellen Ciccillo Matarazzo, dem Gründer des Museu de Arte Moderna (MAM), das in Konkurrenz zum MASP stand. Matarazzo lud Cavalcanti ein, im entstehenden Projekt Companhia Cinematográfica Vera Cruz als Produzent teilzunehmen. Er akzeptierte die Einladung und reiste nach Europa, um professionelle Mitarbeiter zu suchen, die verschiedene technische Funktionen in der Vera Cruz übernehmen sollten. Die Companhia Vera Cruz wurde von Matarazzo und seinen italienischen Freunden, dem Schauspieler Adolfo Celi, dem Szenenbildner Ruggero Jacobbi und

---

provinzielle oder kleinbürgerliche Mentalität bewahrt. Aber der Reichtum ist vorhanden und spürbar. Viele sind erfolgreich in diesem großen, neuen Land der Eroberung. Unter ihnen zum Beispiel Assis Chateaubriand, ein Charles Foster Kane der Tropen, der den Damen (und sogar der Königin von England) schöne Juwelen von Christian Dior anbietet, während er einen Revolver am Gürtel trägt, eine außergewöhnliche Kombination aus Neureichem und früherem Großgrundbesitzer. (Übers.: S.M.)

39 *Cinema Novo*, das „Neue Kino", ist eine Filmrichtung, die Ende der 1950er Jahre in Brasilien als Gegenpol zum vorherrschenden Hollywood-Kino entstand. Das *Cinema Novo* suchte die Besinnung auf nationale Traditionen, einen authentischen Ausdruck, Kritik an sozialer Ungerechtigkeit und den filmischen Dialog mit dem Publikum (vgl. Schumann 1988: 21–23).

40 Cavalcanti kam nach São Paulo um Filmunterricht zu geben. Seine Anwesenheit fand großen Anklang. Nachdem wir viele wichtige Filme gesehen und diskutiert hatten und die Neorealisten kannten und die Möglichkeiten einer solchen Strömung verstanden hatten, kamen Cavalcantis Kurse, die uns lehrten Filme zu machen. Zur gleichen Zeit wurde Vera Cruz gegründet. Plötzlich gab es zwei Anziehungspunkte für junge Leute, die etwas tun wollte, ohne genau zu wissen was, und sich entschieden Filme zu machen.

dem Direktor des Teatro Brasileiro de Comédia (TBC) Franco Zampari, gegründet. In TBC arbeiteten talentierte Schauspieler, die später auch im Kino spielen sollten. Diese Konstellation versprach einen guten Start für eine neue, professionelle Filmindustrie.

2.3.2. Vera Cruz – ein ambitioniertes Projekt

Die Gründung der Vera Cruz repräsentierte für die junge Generation von Filmemachern ein ambitioniertes Projekt und weckte Erwartungen auf eine künstlerische und professionelle Film-Produktion, die eine authentische, nationale Kultur auf die Leinwände bringen würde und nicht der Logik eines „espejismo industrial"[41] folgen sollte. Diese Produktionen sollten einen Gegenpol zur Dominanz der nordamerikanischen Filmindustrie, aber auch zu den brasilianischen „Chanchadas" bilden. Diese gehörten zu einem brasilianischen Musical-Genre, das in den 1940er Jahren zuerst in der „Companhia Cinédia" und später in den Studios der „Atlântida Cinematográfica" in Rio de Janeiro produziert wurde. Als eine Art Emulation der Hollywood-Musicals und wegen ihrer Nähe zur Musikindustrie feierten die Chanchadas große Erfolge beim Publikum.

In Bezug auf den Wunsch des nationalen Kinos, die brasilianische Kultur zu repräsentieren, vertritt Paulo Emilio Salles Gomes die Meinung, dass Brasilien nicht über ein eigenes kulturelles Terrain verfügte, da es sich vom westlichen Kino nicht so stark unterscheiden konnte wie zum Beispiel das indische oder arabische Kino. Es ist – wie er sagt – ein Kino, das sich nicht über die ewige Kondition des Kopierens hinwegsetzt und somit ein unterentwickeltes Kino bleibt.

> Nous ne sommes ni Européens ni Américains du Nord, mais, privés de culture originale, rien ne nous est étranger car tout l'est. Nous nous construisons péniblement nous-mêmes, dans la dialectique raréfiée entre le 'non-être et l'être-autre'. Le film brésilien participe de ce mécanisme et le modifie, à travers notre incompetence créatrice au copiage.[42]
> (Salles Gomes 1983: 10)

---

41 „Espejismo industrial" oder Industrielle Spiegelung: Ausdruck geprägt durch den Filmwissenschaftler Paulo Antônio Paranaguá, zur Beschreibung der Politik, der die Filmindustrie Lateinamerikas in den 1940er und 50er Jahren folgte. Eine Industrie, die nicht nur die nordamerikanische Filmindustrie und ihr System von Verleih und Vorführung, sondern auch ihre Produktion, mit ihrem Star-System und Genres wie Western, Musical Comedy und Melodrama, imitierte (vgl. Paranaguá 1996: 233-234).

42 Wir sind weder Europäer noch Nordamerikaner. Dadurch dass wir unserer ursprünglichen Kultur beraubt wurden, ist uns nichts fremd, denn alles ist fremd. Wir erfinden uns

Eine brasilianische Filmproduktion, die ihre eigene Identität besitzt und nicht nur Imitation der amerikanischen Genres anstrebt, musste noch geschaffen werden. Es gab immer wieder Versuche, eine authentische nationale Kultur auf die Leinwand zu bringen. Einige Filme die Ende der 1940er und anfangs der 1950er Jahre produziert wurden, zeigten Ansätze einer eigenen Identität. Sie wurden in einer realistischeren und einfacheren Umgebung gedreht, mit Aussenaufnahmen an populären Orten. Als Beispiel verweist Mariarosaria Fabris auf einen Film, der von den „Atlântida Studios" in Rio de Janeiro gedreht wurde und eine soziale Thematik beinhaltet: *Também somos Irmãos* (1949) von José Carlos Burle. Der Film zeigt auf eine natürliche Art randständige Figuren und stellt Fragen zum Rassismus. Für Fabris ist dies einer der wenigen brasilianischen Filme, die damals den Mut hatten, ein Ende ohne Versöhnung zwischen den gesellschaftlichen Klassen und zwischen Schwarzen und Weißen zu zeigen (vgl. Fabris 2007: 84). Die Produktionen der Companhia Cinematográfica Vera Cruz zählten zu weiteren Versuchen, ein Kino zu schaffen, das die nationale Kultur vertritt.

Obwohl Ende der 1940er Jahre in São Paulo verschiedene Faktoren die Voraussetzung für eine solide brasilianische Filmindustrie boten – einerseits waren es die Konferenzen von Cavalcanti sowie die Cineclubs mit ihren Diskussionen und anderseits, wegen der Beteiligung von Industriellen, waren die finanziellen Möglichkeiten für die Filmproduktion vorhanden –, verläuft die Geschichte der Companhia Cinematográfica Vera Cruz anders als erwartet.

Im Januar 1950 begann Cavalcanti mit seinem Team in den neu gebauten Studios der Vera Cruz zu arbeiten. Die ausländischen Techniker, die gekommen waren, um das professionelle Niveau sicherzustellen, verstanden sich aber nicht gut mit den Italienern und Brasilianern, die dilettantisch arbeiteten. Es formte sich in der Vera Cruz eine Gruppe, die mit Intrigen versuchte, die professionelle Arbeit von Cavalcanti und seinen Technikern zu boykottieren. In seinem Essay *Le Projet Vera Cruz* (1955) berichtet Cavalcanti über das dort herrschende schlechte Arbeitsklima. In ausführlichen, tagebuchartigen Beschreibungen, schildert er die Inkompetenz, die in der Gesellschaft herrschte, und wie die Leute mit falschen Anschuldigungen gegen ihn konspirierten (vgl. Cavalcanti in Pellizzari/Valentinetti 1988: 184–186).

---

schmerzlich in der dünnen Dialektik zwischen Nichtsein und Anderssein. Der brasilianische Film beteiligt sich an diesem Mechanismus und modifiziert ihn durch unsere kreative Inkompetenz zu kopieren. (Übers.: S.M.)

Dieser Essay ist Teil einer Textsammlung, an der Cavalcanti über dreißig Jahre arbeitete, in der Absicht, zukünftig seine Memoiren zu publizieren.[43]

Der Misserfolg der Vera Cruz ist einerseits auf administrative Mängel zurückzuführen, auf der andern Seite fehlte aber auch eine Vision für die Arbeit in Filmequipen. Die Beteiligten glaubten nicht genügend an die Kompetenz Cavalcantis und versuchten, seine Arbeit zu erschweren. Claudio Valentinetti weist darauf hin, dass: „la coutume, l'habitude invétérée des *fofocas*, des commérages de salon, du provincialisme, du jugement personnel font, avec le temps, une cible privilégiée de Cavalcanti"[44] (Valentinetti 1988: 48). So wurde er einerseits von den brasilianischen Intellektuellen als konservativ und andererseits von der Bourgeoisie als Kommunist beschimpft (ibid.).

Selbst die jungen Filmemacher, die der Vera Cruz beitreten wollten, übten harte Kritik an Cavalcanti. Eine nähere Betrachtung dieser Kritik gibt uns Hinweise auf die Bedürfnisse der jungen Generation und erklärt zum Teil die feindselige Haltung gegenüber Cavalcanti. So gibt Pereira dos Santos später zu: „Bien que Cavalcanti fût l'instigateur principal de cet intérêt naissant pour le cinéma, il n'était pour nous qu'un 'agent de l'impérialisme'. Nous rêvions tous d'entrer à la Vera Cruz, mais critiquions tout ce qu'on y faisait"[45] (Pereira dos Santos zitiert in Valentinetti 1988: 47). Diese jungen Filmemacher träumten von einem neuen ästhetischen Kino, das sie aber selber nicht genau definieren konnten: „Nous imaginions quelque chose de proche du néo-réalisme, mais il ne vous venait pas à l'esprit que ce type de cinéma était incompatible avec les structures de production de la Vera Cruz"[46] (ibid.).

---

43 Zwei Essays dieser unveröffentlichten Memoiren wurden herausgegeben; das eine über Probleme in der Vera Cruz, das andere über Cavalcantis Verbindung zu Bertold Brecht. Beide wurden im Buch *Alberto Cavalcanti* von Lorenzo Pellizzari und Claudio M. Valentinetti veröffentlich, das anlässlich der Retrospektive und Hommage an Cavalcanti am Filmfestival von Locarno 1988 erschien.

44 Die eingefleischte Gewohnheit für Gerüchte, der Salonklatsch, der Provinzialismus und die Vorurteile machen mit der Zeit Cavalcanti zu ihrem bevorzugten Angriffsziel. (Übers.: S.M.)

45 Obwohl Cavalcanti der Hauptverantwortliche am wachsenden Interesse für den Film war, verkörperte er für uns einen Agenten des Imperialismus. Wir alle träumten davon in der Vera Cruz zu arbeiten, aber kritisierten alles, was dort gemacht wurde. (Übers.: S.M.)

46 Wir stellten uns etwas Nahe am Neorealismus vor, aber es kam uns nicht in den Sinn, dass diese Art des Kinos mit den Produktionsstrukturen von Vera Cruz unvereinbar war. (Übers.: S.M.)

2.3.3. Der Neorealismus als Vorbild

Fabris weist darauf hin, dass die Förderer der Vera Cruz europäische Filmproduktionen schätzten, die sie mit Kultfilmen identifizierten und dazu unter anderem italienische Filmproduktionen der Nachkriegszeit zählten. „In diese Produktionen, die unter der Etikette ‚Neorealismus' zusammengefasst wurden, bewunderte die Oberschicht von São Paulo vor allem den Humanismus, den sie beinhalteten, wobei die Bewunderung schnell verflog, wenn der Humanismus eine soziale Kritik enthielt"[47] (Fabris 2007: 82).

Das italienische neorealistische Kino erreicht Brasilien im Jahre 1947 mit der Aufführung von *Il Bandido* (1946) von Alberto Lattuada. Im selben Jahr kam auch der von der Kritik heiß erwartete Film *Roma, città aperta* (1945) von Roberto Rossellini in die brasilianischen Kinos. Der Neorealismus löste nicht nur in Brasilien, sondern in verschiedenen Ländern Lateinamerikas eine Woge des Aufstandes gegen Hollywood aus. Salles Gomes bemerkt, dass die Welle des Neorealismus fruchtbare Konsequenzen für das brasilianische Kino brachte. Am bedeutendsten ist die Tatsache, dass der frühere, arbeitslose Held der „Chanchada" durch einen Arbeiter ersetzt wurde (vgl. Salles Gomes 1983: 15). Der Prozess der Assimilation von Ideen, die durch den italienischen Neorealismus aufkeimten, fand seinen Höhepunkt in der Entstehung der *Cinema-Novo*-Bewegung in Brasilien, deren Vorläufer die Filmemacher Alex Viany mit dem Film *Agulha no Palheiro* (1953) und Pereira dos Santos mit dem Film *Rio, 40 Graus* (1955) waren. Weitere wichtige Vertreter dieser Bewegung sind Ruy Guerra und Glauber Rocha, die seit den 1960er Jahren eine neue Ästhetik des Films anstrebten.[48] In den folgenden Jahren schuf das *Cinema Novo* Filme, die durch Themenwahl und Produktionsart Charakteristiken des Neorealismus übernahmen, aber gleichzeitig wie die *Nouvelle Vague* mit der klassischen Filmsprache brachen. Gemeinsam ist den Filmmachern des *Cinema Novo* das

---

47 „Nessas produções, em geral agrupadas sob a etiqueta do neo-realismo, a burguesia paulista admirava sobretudo o humanismo que as impregnava, o qual, quando passou a ser entendido como denúncia social, deixou de entusiasmar (Fabris 2007: 82)".

48 *Estética da Fome* (Ästhetik des Hungers) ist ein Manifest von Glauber Rocha aus dem Jahre 1965, worin er die Grundlagen des Cinema Novo präsentiert, in dem der Hunger der Dritten Welt eine inhärente Kondition für diese neue Ästhetik ist. Für Rocha ist der lateinische Hunger also nicht nur ein alarmierendes Symptom, es ist der Zentralnerv der eigenen Gesellschaft. Darin liegt die tragische Originalität des Cinema Novo gegenüber dem Weltkino: Unsere Originalität ist unser Hunger und unser größtes Elend ist es, dass wir diesen Hunger spüren, aber nicht verstehen können (vgl. Schumann 1988: 22).

Engagement für den sozialen Wandel und die Darstellung der sozialen und politischen Probleme Brasiliens in den 60er und 70er Jahren.

Während der Entstehungszeit des *Cinema Novo*, so Fabris, fühlten sich die jungen Filmemacher sehr zu den italienischen Nachkriegsproduktionen hingezogen, vor allem weil darin die Wahrheit und Natürlichkeit der Geschichten den Banalitäten der Hollywood-Produktionen entgegenliefen (vgl. Fabris 2007: 87). Die neorealistischen Regisseure wurden für ihr soziales Engagement und ihre Art, wie sie an den Problemen ihres Landes teilnahmen, bewundert. Zum Beitrag dieser Bewegung für das brasilianische Kino sagt Fabris:

> Für unser Kino – wie übrigens für das ganze lateinamerikanische Kino – hat der Neorealismus über ein ästhetisches Modell hinaus eine moralische Einstellung gebracht, indem er zeigte, wie man auf die lokale Realität, speziell auf die Alltagswelt, mit einer neuen Sichtweise eingehen kann. Durch die Bevorzugung der ethischen Einstellung vor der technischen waren die neorealistischen Theorien [...] ein weiteres entscheidendes Element auf der unablässigen Suche nach einer nationalen Identität.[49] (Fabris 2007: 87)

Fabris weist jedoch darauf hin, dass einige brasilianische Filme, die unter die Ägide des Neorealismus gestellt wurden, nicht immer so klassifiziert werden können. *Agulha no Palheiro* (1953) von Alex Viany zum Beispiel reiht sich in die Liste realistischer Filme ein, ohne dass er sich unbedingt mit den großen italienischen Werken des Neorealismus vergleichen lässt. Der Film findet vor allem in den italienischen Komödien der 1930er Jahre sein Vorbild, in denen der Geschmack für die Alltagschroniken und für die Gefühle der einfachen Leute vorherrschte (vgl. Fabris 2007: 87).

Diese und andere Sachverhalte führen zur Frage, was den Realismus in den Werken der jungen Filmemacher vom jenem unterscheidet, den Cavalcanti mit seinen Filmen ein paar Jahre zuvor angestrebt hatte? Cavalcanti verfolgte in seiner langen Laufbahn den filmischen Realismus, und die sozialen Fragen sind in den meisten seiner Produktionen erkennbar. Schon *Rien que les heures* weist auf soziale Missstände in der Pariser Gesellschaft der 1920er Jahre hin. Es stellt sich auch die Fra-

---

49 „Ao nosso cinema – como, aliás, ao cinema latino-americano em geral –, o neo-realismo, mais do que oferecer modelos estéticos, vinha fornecer uma atitude moral, ao mostrar como debruçar-se sobre a realidade local, principalmente sobre o mundo popular, com um novo olhar. Ao valorizar a postura ética sobre a técnica, as teorias neo-realistas (...) foram um elemento deflagrador a mais na busca incessante de uma identidade nacional".

ge, inwiefern die Kritik an Cavalcantis Werk vom feindseligen Klima, das ihn umgab, beeinflusst wurde.

2.3.4. Cavalcanti im Auftrag der Regierung

Obwohl der Vertrag als Produzent der Vera Cruz vier Jahre gültig war, verliess Cavalcanti bereits nach einem Jahr die Firma und folgte im Jahre 1951 der Einladung des damaligen brasilianischen Präsidenten Getulio Vargas, für die Regierung die „Comissão Nacional de Cinema"[50] aufzubauen. Die jungen Filmemacher, die sich als Anti-Imperialisten betrachteten, sahen in Cavalcanti einen Betrüger, da er unter anderem erlaubte, dass der Verleih der Filmproduktionen von Vera Cruz an eine Firma überging, die auch die nordamerikanischen Filme in Brasilien verlieh und kein grosses Interesse an nationalen Filmproduktionen zeigte. Über Cavalcantis Tätigkeit in der damaligen Regierung sagt Pereira dos Santos: „[N]ous nous y opposâmes farouchement, sans même penser que quelques-unes des mesures préconisées par Cavalcanti étaient les mêmes que celles pour lesquelles nous aurions lutté. Nous étions hostiles par principe, parce qu'il n'y avait rien à attendre de bon d'un ‚collaborateur'."[51] (Pereira dos Santos zitiert in Valentinetti 1988: 48).

2.3.5. Cavalcantis Produktionen in der Vera Cruz

Cavalcantis Tätigkeit während des kurzen Aufenthalts in den ambitiösen und überdimensionierten Studios der Vera Cruz, die ein zweites Hollywood werden sollten, kann folgendermaßen zusammengefasst werden: Im ersten Jahr arbeitete er an der Organisation der Firma. Er hatte Techniker eingestellt, Tonaufnahmegeräte gekauft, für den Vertrieb gesorgt und noch viele andere Funktionen übernommen, um die Lücken zu füllen, die durch unzuverlässige Mitarbeiter entstanden waren. Insgesamt bestand sein Beitrag in der Vera Cruz in der Produktion von drei Spielfilmen:

---

50 Die *Comissão Nacional de Cinema*, später *„Instituto National de Cinema"*, hatte die Erhebung und Forschung über das nationale Filmschaffen zum Ziel.

51 Wir machten heftigen Widerstand, ohne daran zu denken, dass einige der von Cavalcanti empfohlenen Maßnahmen die gleichen waren, für welche wir gekämpft hätten. Wir waren grundsätzlich feindlich eingestellt, weil nichts Gutes von einem *‚Collaborateur'* zu erwarten war. (Übers.: S.M.)
‚Collaborateur' bezieht sich auf die Tatsache, dass Cavalcanti einen nordamerikanischen Verleih, die Universal Film SA, für den Vertrieb der Filme der Vera Cruz gewählt hatte. Mit anderen Worten einen Vertrieb des „Feindes", der mit seinen amerikanischen Filmen Konkurrent der Vera Cruz war.

Caiçara (1950), *Terra é Sempre Terra* (1951) und *Ângela* (1951). Bei letzterem arbeitete er nicht bis zum Schluss mit. Des Weiteren produzierte er zwei Dokumentarfilme: *Painel* (1950) und *Santuário* (1951) (vgl. Borba Filho 1988: 166-171). *Caiçara*, die erste Produktion von Vera Cruz, unter der Regie von Adolfo Celi ist ein Drama, das auf einer Insel spielt. Der Film, wie auch die späteren Produktionen von Vera Cruz, sind vor allem melodramatische Spielfilme, die mit realistischen Themen umgehen, aber nicht auf die soziale Problematik der Gesellschaft eingehen. In *Caiçara* heiratet eine junge Frau den Besitzer einer kleinen Werft auf einer Insel. Die Frau hat Schwierigkeiten, sich in dem armen Dorf einzuleben, da sie unter anderem vom Gesellschafter ihres Mannes in dessen Abwesenheit begehrt wird. Cavalcanti überarbeitete das Exposé von Adolfo Celi, das er zu schwach fand. Der Film zeigt die exotische Insellandschaft und die religiösen Bräuche der Einheimischen, die unter anderem auch Voodoo praktizieren. Die verschiedenen Szenen, in denen die populäre Kultur des Landes mit ihren Tänzen und religiösen Festen gezeigt wird, sind charakteristisch für die zukünftigen Produktionen Cavalcantis in Brasilien.

Gedreht wurde auf Ilhabela, einer Insel zwischen São Paulo und Rio de Janeiro, auf der es damals keine Elektrizität gab. Von Anfang an traten viele technische Schwierigkeiten auf. Hier begann auch die Auseinandersetzung zwischen den von Cavalcanti ins Land geholten ausländischen Technikern und den brasilianischen Mitarbeitern. Die Dreharbeiten dauerten wegen der technischen Schwierigkeiten und den Wetterbedingungen länger als geplant. Zudem musste Cavalcanti die Filmrollen auf dem Schwarzmarkt kaufen, denn Filmmaterial war aus den Wirtschaftsverträgen zwischen den Vereinigten Staaten und Brasilien ausgeklammert. Der Filmwissenschaftler Paulo Antônio Paranaguá bemerkt, dass während des Zweiten Weltkriegs und danach die Vereinigten Staaten Quoten für den Export von Filmmaterial festgelegt hatten und dass dieses wie ein strategisches Gut behandelt wurde: „Die Vereinigten Staaten führten alsdann offene ‚schwarze Listen' von Staaten, die als Sympathisanten der Achsenmächte verdächtigt wurden oder die beschuldigt wurden, von der Politik Washingtons zu stark abzuweichen"[52] (Paranaguá 1996: 277). Hier ist anzufügen, dass die größten Filmproduktionen in Argentinien und Brasilien in

---

52 „Estados Unidos maneja entonces abiertamente ‚listas negras', en las que se incluyen todos aquellos sospechosos de simpatias hacia el Eje o culpables de discentir demasiado con la politica de Washington".

den Händen von italienischen Einwanderern lagen und dass sich Italien erst gegen Ende des Krieges von den Achsenmächten abwandte.

Auch wenn die Kritik die technischen Fortschritte der ersten Produktion der Vera Cruz anerkannte, wurde *Caiçara* nicht wegen seiner Thematik, sondern wegen der Art, wie diese behandelt wurde, kritisiert. In einer Rezension für die Zeitschrift *Fundamentos*, ein Kulturmagazin der kommunistischen Partei der Epoche, spricht Pereira dos Santos von „neorealistischer Vortäuschung" (vgl. Fabris 2007: 84). Außerhalb der Kritikerkreise bekam *Caiçara* einige Preise, zum Beispiel für die beste Produktion (Alberto Cavalcanti), beste Regie (Adolfo Celi), beste Schauspielerin (Eliane Lage) beste Nebendarstellerin (Maria Joaquina da Rocha) und den Preis für den besten lateinamerikanischen Film am Festival von Punta del Este, Uruguay (1951). Der Film wurde auch am Festival von Cannes 1951 gezeigt, fand jedoch keinen großen Anklang.

Im zweiten Film der Vera Cruz, *Terra é sempre terra* (1951) des Regisseurs Tom Payne, wird das Leben auf einer Kaffeeplantage im Hinterland von São Paulo thematisiert. Der Verwalter der Plantage entdeckt eine romantische Beziehung zwischen seiner Frau und dem Gutsbesitzer, der hohe Spielschulden hat und deswegen seine „*fazenda*" verlieren wird.

Pech im Glücksspiel, eine verlorene Liegenschaft und eine Liebesgeschichte sind auch Themen des dritten Films der Vera Cruz, *Ângela* (1951) unter der Regie von Abílio Pereira de Almeida. Cavalcanti wirkte in diesem Film nur teilweise mit, da er die Vera Cruz schon verlassen hatte, als der Film fertiggestellt wurde.

Diese melodramatischen Filme der Vera Cruz, die den mexikanischen Melodramen ähnlich waren, langweilten die Kritiker von São Paulo. Pereira dos Santos meinte, dass diese Filme, statt die brasilianische Wirklichkeit wiederzugeben, einen „demoralisierenden" Blick auf das brasilianische Volk werfen. Nach der Veröffentlichung von *Ângela* schreibt der Kritiker: „Als Brasilianer dürfen wir nicht akzeptieren, dass die Oberschicht mit ihrem hohen materiellen Niveau auf Kosten der Ausbeutung der großen Mehrheit des Landes lebt" [53] (Pereira dos Santos zitiert in Fabris 2005: 85).

---

53 „Não podemos aceitar como brasileiros os homens das classes que vivem num alto nível material à custa da exploração da esmagadora maioria da população do país."

In der Companhia Vera Cruz wurden bis 1954 weiter hauptsächlich Melodramen und Komödien produziert. Im Ganzen wurden achtzehn Filme gedreht, von denen *O Cangaceiro* (1952) von Lima Barreto, der erste brasilianische Film war, der sich international profilieren konnte. Diese erfolgreiche Produktion handelt vom Bandentum im Nordosten des Landes, womit ein neues Genre eingeweiht wird: der „Nordestern"– ein Wortspiel aus „Nordosten" und „Western". Er war sowohl beim Publikum als auch bei der Kritik ein Erfolg und erhielt wichtige Preise (bester Abenteuerfilm am Festival von Cannes und bester Film am Festival von Edinburgh, beide 1953).

2.3.6. „Filme e Realidade"

Fern von der Vera Cruz widmete sich Cavalcanti der Fertigstellung seines Buches *Filme e Realidade*. Darin greift er die verschiedenen Aspekte der Filmproduktion auf und erklärt seine Ideen und Theorien zum Kino. Unter anderem erschienen die Artikel „Der Dokumentarfilm", „Der Produzent", „Der Szenenbildner", „Die Funktion der Ausstattung", „Der Ton" und „Die Farbe". Die Essays legten einen Grundstein für das Verständnis der Entwicklung der Filmsprache in jener Zeit. Die Texte zeigen Cavalcantis Erfahrung und Reife in Bezug auf verschiedene Themen des Kinos. In Brasilien diente das Buch als Leitfaden für eine ganze Generation, die nach Wissen zum Filmemachen dürstete. Es wurde in Brasilien zum ersten Mal 1953 publiziert und mit Ausnahme von ein paar Essays nie in andere Sprachen übersetzt.

2.3.7. Eigene Produktionen in Brasilien

Vor seiner definitiven Rückkehr nach Europa führte Cavalcanti bei drei brasilianischen Filme Regie, alle drei außerhalb der Vera Cruz: *Simão o Caolho* (1952), *O Canto do Mar* (1953) und *Mulher de Verdade* (1954).

Simão o Caolho ist eine Komödie, die von Maristela, einer kleinen Produktionsgesellschaft, produziert wurde und deren komische Hauptfigur Mesquitinha sehr beliebt war. Die Geschichte handelt von Simon dem Einäugigen und seinem Erfinderfreund, der es schafft, aus Simon einen Milliardär zu machen, da sein neues Auge die Eigenschaft hat, ihn unsichtbar werden zu lassen. Der Film zeigt Aspekte der Urbanisierung von São Paulo in den 1950er Jahren und die Schwierigkeiten der Zuwanderer aus ländlichen Gegenden, sich im modernen Leben der Großstadt zurechtzufinden. *Simão o Caolho* hatte einen beachtlichen Publikumserfolg und wurde von der Kritik wohlwollend aufgenommen, vor allem wegen seiner hohen technischen Qualität, die Cavalcantis Professionalität nochmals bestätigte.

Nach *Simão o Caolho* kaufte Cavalcanti mit einer Gruppe von Unternehmern die Maristela und gründete eine eigene Gesellschaft, die Kino Film, der aber nur ein kurzes Leben beschieden war. In der Kino Film entstanden die zwei weiteren Filme von Cavalcanti, *O Canto do Mar* und *Mulher de Verdade*. Der Letztere ist eine Komödie und zugleich eine Kritik an der bürgerlichen Gesellschaft. Der Schnitt von *Mulher de Verdade* wurde beendet als sich Cavalcanti schon in Wien befand, wo er Brechts Theaterstück *Herr Puntilla und sein Knecht Matti* (1955) verfilmte.

O Canto do Mar bedeutete für Cavalcanti eine große persönliche Erfüllung, denn es gelang ihm, Realismus mit Poesie und sozialen Themen zu verschmelzen. Aus diesem Grund wähle ich diesen Film für eine Analyse im letzten Kapitel dieser Arbeit.

Als der Film *O Canto do Mar* gezeigt wurde, erntete er viel Kritik, einerseits von der bürgerlichen Gesellschaft, die die Armut nicht gezeigt haben wollte, andererseits von den brasilianischen Intellektuellen, denen der realistische Film zu künstlich erschien. Damit befand sich Cavalcanti wieder im Zentrum der Diskussion, wie Armut dargestellt werden sollte und was Realismus im Film überhaupt sei.

2.3.8. Die Krise des brasilianischen Kinos der 1950er Jahre

Auf Grund der Probleme, mit denen sich Cavalcanti während seines kurzen Aufenthalts in Brasilien konfrontiert sah, lässt sich sagen, dass die Erwartungen an ihn enorm groß waren. Mit all seiner Erfahrung wurde er als Retter angesehen, der das brasilianische Kino von seinen Problemen der fehlenden Identität befreien sollte. Doch seine Haupttätigkeit in Brasilien sollte der Kampf gegen die Heuchelei werden. Auch mit den neuen Filmgesellschaften, die in São Paulo entstanden und die als Gegenpol zur kommerziellen Filmindustrie von Rio de Janeiro gedacht waren, konnte sich keine Kinobewegung durchsetzen, die einen neuen Weg gezeigt hätte. In einer Beurteilung der Vera Cruz und der Filmproduktion in den 1950er Jahren schrieb Glauber Rocha:

> La décennie des années cinquante fut la plus complexe du cinéma brésilien. Toute l'expérience internationale de Cavalcanti, qui avait été un des protagonistes de l'histoire du cinéma, ne servit à rien. La Vera Cruz fit faillite. Maristela, Multifilmes, Sacra Filmes,

Kino Filmes se ruinèrent. Une centaine de films furent tournés. Aucun ne présentait le moindre intérêt.[54] (Rocha 1988: 371)

Für Rocha, einer der Leitfiguren des späteren *Cinema Novo*, lag das Problem des Scheiterns dieser Firmen hauptsächlich in administrativen Angelegenheiten, aber auch an der Tatsache, dass sie die vorhandene Erfahrung des brasilianischen Kinos nicht nutzten und bei null begannen: Viele Fehler hätten vermieden werden können, wenn man in die Vergangenheit geschaut hätte, denn seit den 1920er Jahren hatte sich mit den Filmen von Humberto Mauro[55] ein eigenständiges brasilianisches Kino entwickelt (vgl. Rocha 1988: 375).

Die Krise des brasilianischen Kinos der 1950er Jahre hatte aber nicht nur ihre schlechten Seiten, sondern regte zum Nachdenken, zu Kontroversen und Stellungnahmen an. Eine kleine, aber wichtige Gruppe von jungen Filmemachern reagierte auf das industrielle Modell und machte sich für den Autorenfilm stark. Mit einer Kamera in der Hand und mit minimaler statt grosser Ausrüstung filmten sie im Freien, nutzten das natürliche Licht der brasilianischen Landschaften und arbeiteten mit tragbaren Audio-Aufnahmegeräten, aber vor allem mit Budgets, die der Realität entsprachen. Diese Gruppe des *Cinema Novo* übernahm das Ideal eines modernen Autorenkinos; mit dem Realismus auf den Fahnen und dem Wunsch nach einem sozialen Wandel der Gesellschaft.

Der historische Moment des brasilianischen Films – an dem auch Cavalcanti beteiligt war –, der vom Wunsch nach einem Wandel getragen war und in dem man glaubte, die Stärkung des nationalen Kinos wäre durch einen größeren Realismus zu erreichen, löste verschiedene Reflexionen zur Frage des Realismus im Film aus. Im folgenden Kapitel werde ich durch eine theoretische Reflexion relevante Punkte zum Thema Realismus hervorheben, die als Grundlage für meine Analyse des Films *O Canto do Mar* dienen sollen.

---

54 Die fünfziger Jahre waren die komplexesten des brasilianischen Kinos. Die ganze internationale Erfahrung Cavalcantis, der einer der Protagonisten der Filmgeschichte war, half nichts. Vera Cruz ging Konkurs. Maristela, Multifilmes, Sacra Films, Kino Filme sind ruiniert. Hunderte Filme wurden gemacht. Keiner von ihnen weckte das geringste Interesse. (Übers.: S.M.)

55 Humberto Mauro war ein brasilianischer Filmpionier, der zwischen 1925 und 1974 Filme mit nationalen Themen drehte.

3. Realismus – theoretische Grundlagen

> Je m'efforce toujours de le décrire [le documentaire anglais] comme un „témoignage réaliste de la vie". Le réalisme n'est ni néo, ni passé, c'est le réalisme tout court.[56]

Bei der Betrachtung von Cavalcantis Gesamtwerk ist man geneigt zu fragen: Ist der Realismus in *Rien que les heures* ein Realismus der Vergangenheit? Sind seine englischen Dokumentarfilme weniger realistisch als *O Canto do Mar*? Sollte man Cavalcantis Filme der 1930er Jahre dem Realismus zuordnen und die Filme der 1940er dem Neorealismus? Und sollte man jene der 1950er Jahre in einen Neo-Neorealismus einreihen? Die Aussage Cavalcantis im Motto dieses Kapitels zeigt, dass er sich vom steten Wandel in der Umschreibung des Realismus nicht tangieren lässt. Für ihn ist der Realismus nie alt oder neu, es ist Realismus und fertig! Doch wie Kristin Thompson betont, ist die Auswahl der Verfahren, um einen Film realistische darzustellen, willkürlich, denn Filme sind Konstrukte. Realismus ist, wie alle Sehnormen, eine historisch begründete Vorstellung: „Selbst jene Verfahren, die in Filmen verwendet werden, die sich um eine möglichst genaue Imitation der Realität bemühen, verändern sich von Epoche zu Epoche, von Film zu Film" (Thompson 1995: 52). Cavalcanti würde dieser Feststellung sicher zustimmen, denn sein Realismus oder besser: seine Realismen entziehen sich den Moden („alt'/'neu'), aber nicht der Geschichte, also weder der stilistischen noch der politischen Veränderung.

Cavalcanti und seine Kunst lassen sich indes nicht so einfach bestimmten Richtungen zuordnen, und seine Filme bieten sich somit für eine Diskussion des Begriffs an. Aus dieser Überlegung resultiert nun meine erste These: In vielen seiner Filme bevorzugt Cavalcanti soziale Themen, die unter Verwendung verschiedener Ästhetiken realistisch dargestellt werden.

Ein Blick auf seinen Werdegang und seine Werke zeigt, dass Cavalcanti sich für die Darstellung der Realität interessierte und dass er einen Weg eingeschlagen hat, der

---

56 Ich bin stets bestrebt, den englischen Dokumentarfilm zu beschreiben als ein „realistisches Zeugnis des Lebens". Realismus ist weder *neo* noch vergangen, er ist einfach Realismus. (Übers.: S.M.) Aus einem Interview mit Felix Martialay – *Film Ideal*, 62: „J'étais surréaliste, avec une tendance au réalisme" (in Pellizzari/ Valentinetti 1988: 338).

die Filmsprache im Sinne eines größeren Realismus konsolidierte. Aber was ist Realismus? Unter welchem Gesichtspunkt rezipiert man ein Werk als realistisch oder nicht?

Um einen Einblick in den Gebrauch des Begriffs „Realismus" zu gewinnen, greife ich als Ausgangspunkt meiner Reflexion auf einen Aufsatz des russischen Philologen Roman Jakobson zurück. Jakobson gehörte zur russischen Formalismus-Schule, und mit seinem 1921 erschienenen Aufsatz „Über Realismus in der Kunst" leistete er einen wichtigen Beitrag zur Rezeptionsästhetik. Seine Theorie verbinde ich mit der Ansicht von Viktor Sklovskij, einem weiteren Vertreter des russischen Formalismus, für den die Aufgabe der Kunst nichts anderes ist, als die Alltagswahrnehmung durch Verfremdung ihrer Formen immer wieder zu erneuern und dadurch ein neues Sehen anzuregen.

Kracauer und Bazin sind die wichtigsten Filmtheoretiker des letzten Jahrhunderts, die sich mit dem filmischen Realismus intensiv auseinandersetzten. Aus ihren umfassenden Schriften wähle ich die Essays, die auf die folgenden drei Punkte eingehen: den Aspekt der Fähigkeit des Films, die physische Realität wiederzugeben, die Entwicklung einer kinematografischen Sprache und die Entstehung einer realistischen Lektüre durch die Rezeption. Zudem zeige ich auf, wie die Filmkonzeption von Cavalcanti Einfluss auf den filmischen Realismus ausübte und analysiere anhand von Luca Caminatis Reflexion die Rolle des Dokumentarfilms für das Entstehen der neo-realistischen Filme.

3.1. Von der Relativität des Begriffs „Realismus"

Der Realismus nimmt in der Literatur und Kunstgeschichte einen wichtigen Platz ein, doch wurde der Begriff in den Debatten oft undifferenziert verwendet. Aus der Sicht von Jakobson ist es stets eine Frage des subjektiven und des geschichtlichen Standpunktes, was als Realismus bewertet wird. Eine Abweichung vom gängigen Kunstkanon – seine Deformation – wird von den Revolutionären als Annäherung an die Wirklichkeit wahrgenommen, von den Konservativen dagegen als Verzerrung der Wirklichkeit betrachtet.

Auf die Frage, was ein Kunsttheoretiker unter Realismus versteht, schreibt Jakobson:

> Es ist eine Kunstströmung mit dem Ziel, die Realität durch Streben nach einem Maximum an Wahrscheinlichkeit möglichst unverfälscht wiederzugeben. Für realistisch

halten wir die Werke, die uns die Realität unverfälscht wiederzugeben [sic], die wahrscheinlich zu sein scheinen. (Jakobson 1993: 130)

Diese Aussage umfasst zwei Standpunkte: einerseits den des Autors (die Produktionsseite), der sich bemüht, ein realistisches Werk zu erzeugen, anderseits den des Rezipienten (Rezeptionsseite), der das Werk als realistisch oder nicht realistisch aufnimmt. Jakobson bezieht sich auf die Tatsache, dass ein Werk einerseits vom Autor als „wahrscheinlich" konzipiert (Variante A) und anderseits auf Grund des Urteilsvermögens als „wahrscheinlich"[57] rezipiert wird (Variante B). Im ersten Fall, so Jakobson, „sind wir gezwungen immanent zu werten, im zweiten ist mein Eindruck das entscheidende Kriterium" (ibid.). In der Kunstgeschichte wird der Begriff „Realismus" in Bezug auf diese beiden Sichtweisen oft vermischt.

Cavalcanti strebt in seinem Werk an, den Realismus laufend zu vervollkommnen. Auf der Rezeptionsseite reagiert das Publikum auf unterschiedliche Weise. Dem Experimentalfilm *Rien que les heures* wurde applaudiert wegen der Art, wie er die Realität der Großstadt Paris enthüllt. Fast dreißig Jahre später wurde sein Film *O Canto do Mar* teilweise als künstlich rezipiert. Auf den historischen Kontext dieser Reaktion komme ich später zurück.

Der Begriff „Realismus" wird auch verwendet, um eine bestimmte künstlerische Strömung in der Literatur und Malerei des 19. Jahrhunderts zu bezeichnen. In diesem Fall bedeutet das Wort „Realismus" die Summe der charakteristischen Merkmale der Kunstrichtung dieser Zeit. Für Jakobson sind die neuen realistischen Künstler in dem Masse, in dem sich die Tradition, die diese Strömung mit Realismus verbindet, durchgesetzt hat, gezwungen, sich als neo-realistisch zu bezeichnen, das heißt als Realisten in einem höheren Sinne des Wortes. Dennoch identifizierten diese Neorealisten gelegentlich ihre ästhetische Position mit dem Realismus schlechthin und waren somit gezwungen, die Vertreter eines früheren Realismus zu negieren (vgl. Jakobson 1993: 135–136).

Guido Kirsten (2013) fasst Jakobsons Sicht auf diese wiederkehrende Erneuerung des Realismus folgendermaßen zusammen: „Vertreter neuer Kunstrichtungen, die sich als realistisch begreifen, haben demgegenüber die Möglichkeit, sich entweder in einem höheren Sinn als Realisten zu bezeichnen oder den alten Realismus zu be-

---

57 Der Begriff „Wahrscheinlichkeit" greift auf Aristoteles Poetik zurück und bezieht sich auf die Möglichkeit etwas als wahrscheinlich wahrzunehmen, wenn es den Alltagsvorstellungen entspricht.

streiten" (Kirsten 2013: 20). In beiden Fällen können sie sich als Progressive profilieren, aber das nur „solange sie nicht ihrerseits von neuen ‚Realisten' herausgefordert werden, die die ehemals progressiven Techniken nun als konventionell und veraltet empfinden" (ibid.).

Da es in der Kunst immer neue Kunstrichtungen gibt, das heißt immer neue Motivationen zur Deformation der kanonisierten Formen in Richtung einer größeren Nähe zur Wirklichkeit, sind die Definitionen des Realismus einem steten Wandel unterworfen. Jakobson bezeichnet das Phänomen der Formzerstörung als „Motivierung der Deformation von Ideogrammen" (vgl. Jakobson 1993: 132). Demzufolge ist das, was zu einem bestimmten Zeitpunkt als aktuell empfunden wurde, plötzlich veraltet, sobald eine neue Tendenz auftaucht, welche die Annäherung an die Realität anstrebt. Gegenüber diesem Umbruch kann sowohl die Produktions- wie auch die Rezeptionsseite eine progressive oder konservative Haltung einnehmen. Jakobson weist also auf die Relativität des Begriffs „Realismus" hin, der in konstanter Wandlung steht, da auch die Kunst selbst sich in einer permanenten Transformation befindet.

3.2. Über die Aufgabe der Kunst

An diesem Punkt scheint es mir wichtig, den Begriff der *ostranenie* aufzugreifen, der auch den russischen Formalismus prägte. Der russische Schriftsteller und Kritiker Viktor Sklovskij benutzte den Begriff zum ersten Mal 1916 in einem Aufsatz mit dem Titel „Kunst als Verfahren".

Der Ausdruck *ostranenie,* der im Deutschen mit ‚Verfremdung' übersetzt wird, sollte nicht mit dem Verfremdungseffekt Bertolt Brechts verwechselt werden. Brechts V-Effekt ist ein Verfahren, das darin besteht, dem Betrachter vertraute Dinge durch das Zerstören der Illusion in einem neuen Licht erscheinen zu lassen. Damit wird das Nachdenken über die Realität angeregt. Sklovskijs Verfremdungsbegriff bezieht sich auf ein gewisses Verfahren in der Literatur, das das Erschweren des Verstehensprozesses zum Ziel hat, um damit die Empfindung zu revitalisieren, daher die Ähnlichkeit dieser beiden Verfahren.

Frank Kessler (1996) weist darauf hin, dass die englische Übersetzung von *ostranenie making strange* lautet, was für ihn genau den russischen Ausdruck definiert. Die Neoformalisten verwenden meist *defamiliarization,* was einen kleinen Unterschied darstellt. Nach Kessler könnte man sagen, dass *making strange* sich auf den künstlerischen Produktionsprozess bezieht, während *defamiliarization* bedeutet, dass das Gewohnte ungewohnt wird, und der Begriff somit auch die entsprechende Wahrnehmungsweise mit einbezieht (vgl. Kessler 1996: 4). Hier überschneiden sich die Konzepte von Jakobson und Sklovskij in dem Sinne, dass eine Deformation des künstlerischen Produktionsprozesses auf die Wahrnehmung wirkt.

In Sklovskijs Theorie besteht die Aufgabe der Kunst darin, ihre Formen immer wieder zu erneuern, die Alltagswahrnehmung zu verfremden, zu ent-automatisieren und somit ein neues Sehen zu ermöglichen. Sklovskij weist darauf hin, dass die Gegenstände, die zu unserer alltäglichen Umgebung gehören, mit der Zeit nicht mehr richtig gesehen, sondern einfach wahrgenommen werden. Unsere Wahrnehmung ist automatisiert, und deswegen ist es die Aufgabe der Kunst, uns die Dinge wieder wirklich sehen zu lassen. Die Kunst verändert die gewöhnliche Wahrnehmung durch *ostranenie*, durch die Verfremdung. Wenn eine Form, ein Muster, ein Genre durch die Gewohnheit zur Konvention, zur Automatisierung gelangt, braucht es eine Ent-Automatisierung, eine Veränderung, eine neue Verfremdung, die gegenüber den kanonisierten Formen eine Differenzempfindung auslöst. Die Verfremdung bei Sklovskij entspricht somit der Deformation von gängigen Kunstkanons bei Jakobson.

Beide Konzepte, einerseits das von Sklovskij, das der Kunst die Funktion der Transformation der kanonisierten Musters zuweist, und anderseits jenes von Jakobson, das im Realismus eine konstante Bestrebung sieht, der Realität näher zu kommen, lassen sich selbst innerhalb des Gesamtwerkes Cavalcantis erkennen. Seine Filme tragen verschiedene realistische, ästhetische Merkmale, die sich der jeweiligen Kunstströmung anpassen.

Nun wurde sein *O Canto do Mar* zum Teil als nicht realistisch rezipiert. Meine These besteht darin, dass *O Canto do Mar* ein anachronistischer Film ist, der in einem Moment realisiert wurde, in dem in Brasilien eine neue realistische Ästhetik auftauchte, die des *Cinema Novo*. Wie ich schon im Kapitel 2.3 erwähnte, entstehen die ersten Ideen, die später als Grundlage für diese neue Filmbewegung dienen, die mit den formalen Aspekten der kinematografischen Sprache bricht und sich inhaltlich sehr politisch positioniert, zum Zeitpunkt, als Cavalcanti seinen Film in Brasilien drehte.

3.3. Realismus des Films oder Realismus im Film?

Seit den Anfängen des Mediums Film steht das Thema „Realismus" im Zentrum verschiedener Debatten. Da der Film als Repräsentationsmedium einen engen Bezug zur physischen Wirklichkeit besitzt, wurde viel über seine Eigenheit, die Realität wiederzugeben, diskutiert. So sieht Kracauer im Film als Erweiterung der Fotografie eine ausgesprochene Affinität zur Realität und damit zur sichtbaren Welt. Für ihn sind Filme sich selbst treu, wenn sie die physische Realität wiedergeben und enthüllen (Kracauer 2012: 11).

Den Bezug des Films zur Wirklichkeit differenziert Guido Kirsten in seinem Buch *Filmischer Realismus* und unterscheidet zwischen „Realismus des Films" und „Realismus im Film". Als Realismus des Films bezeichnet er den Film im Sinn einer Eigenschaft, die das Filmmedium vor anderen Medien auszeichnet, während der Realismus im Film eine bestimmte Ästhetik, einen Stil oder eine Erzählweise darstellt, die sich von anderen ästhetischen Tendenzen im Film unterscheidet (vgl. Kirsten 2013: 14).

Den Unterschied dieser beiden Begriffe fasst Kirsten so zusammen:

> Als Realismus des Films werden die Bezüge des Mediums zur physischen und phänomenalen Wirklichkeit gefasst und über die Begriffe der Indexikalität und des Realitätseindrucks entfaltet. Der Realismus im Film bezeichnet dagegen eine bestimmte Ästhetik im Unterschied zu anderen. (Kirsten 2013: im Klappentext)

Diese Unterscheidung ist besonders wichtig, wenn man sich mit Bazins Realismus-Konzeption auseinandersetzt. Die Grundlage seiner Theorie stützt sich einerseits auf den Realismus des Filmbildes, andererseits auf die Analyse des Realismus in einzelnen Filmen in Bezug zu anderen und auf die ästhetischen Merkmale in der filmhistorischen Entwicklung. Cavalcantis Filme müssen auch unter diesem Gesichtspunkt betrachten werden. Sie enthalten bestimmte ästhetische Attribute, die nicht losgelöst vom ästhetischen und historischen Kontext, in dem sie entstanden sind, analysiert werden können.

3.4. Bazin und die drei Ebenen des Films

Die Filmtheorie von André Bazin lässt sich in einer vielfältigen Sammlung von Essays nachverfolgen, in denen er seine eigene Theorie ständig kritisch überarbeitet. Seine „utopische" Realismus-Konzeption gründet auf der ästhetischen Analyse der Werke, ist aber gleichzeitig auch eine psychologische Theorie, denn für ihn entsteht die Bedeutung eines Films erst in seiner Wirkung auf die Zuschauer. Für Bazin ergibt sich der kinematografische Realismus aus einem dialektischen, dynamischen Prozess, der drei Stufen umfasst: der Enthüllung der Welt, dem kreativen Akt der Produktion und schließlich dem Sinn des Films, der erst in der Wahrnehmung entsteht (vgl. Tröhler 2009: 65).

Die komplexe Filmtheorie Bazins unterteilt Kirsten in drei Hauptebenen: die erste Ebene bezeichnet er als *ontologisch*, in der die Besonderheit des filmischen Mediums diskutiert wird und die nach Kirsten auf das filmische Medium allgemein angewandt werden kann. Die zweite Ebene, die er als *historisch-teleologische* bezeichnet, befasst sich mit der Entwicklung der Filmsprache. Die *werkkritische* Ebene, die dritte, setzt sich mit der theoretischen Analyse einzelner Werke auseinander (vgl. Kirsten 2013: 92–93).

3.4.1. Ontologische Ebene: Eine Spur der Wirklichkeit

In seinem Essay „Ontologie des photographischen Bildes" (1945) schreibt Bazin über die Eigenheit der Fotografie im Unterschied zur Malerei. Die Fotografie sei wesentlich objektiver, da sie nicht wie die anderen Künste auf die Anwesenheit des Menschen angewiesen ist. So erklärt Bazin, dass die Fotografie auf uns wie ein „natürliches Phänomen" wirkt, da sie durch mechanische Mittel erzeugt wird: „Zum ersten Mal schiebt sich lediglich ein anderes Objekt zwischen das Ausgangsobjekt und seine Darstellung. Zum ersten Mal entsteht ein Bild von der uns umgebenden Welt automatisch, ohne schöpferische Vermittlung des Menschen und nach einem strengen Determinismus" (Bazin 2009: 37).

Der Filmtheoretiker unterstreicht, dass im Gegensatz zu anderen Bildwerken die Objektivität der Fotografie ihr eine Überzeugungskraft verleiht. So schreibt Bazin: „Welche kritischen Einwände wir auch haben mögen, wir sind gezwungen, an die Existenz des wiedergegebenen Gegenstands zu glauben, der ja tatsächlich wiedergegeben, das heißt in Raum und Zeit wieder gegenwärtig gemacht wird. Die Fotografie profitiert von einer Wirklichkeitsübertragung vom Ding auf seine Reproduktion" (ibid., 37). Dazu bemerkt Kracauer, dass der Film sich von den anderen Künsten unterscheide, weil er zusammen mit der Fotografie die einzige Kunst ist, die ihr Rohmaterial mehr oder weniger intakt lässt (vgl. Kracauer: 2012: 13). Kirsten macht darauf aufmerksam, dass die Annahme, dass fotografisch-filmische Bilder eine direkte Beziehung zur materiellen Realität aufweisen, mit der

Möglichkeit der digitalen Bearbeitung in Frage gestellt wird (vgl. Kirsten 2013: 14).

Doch entstanden die Theorien zum Realismus von Bazin und Kracauer vor dem Zeitalter der Digitalisierung. Für Bazin war es besonders interessant, dass die Fotografie die bildende Kunst von ihrer Ähnlichkeitsbesessenheit befreit hatte: „Denn die Malerei strengte sich im Grund vergeblich an, uns zu täuschen – diese Täuschung genügte der Kunst; Photographie und Film hingegen sind Erfindungen, die das Verlangen nach Realismus ihrem Wesen nach endgültig befriedigen" (Bazin 2009: 36). Demzufolge bleiben die Gemälde von der Subjektivität des Malers geprägt, gleich wie sehr er versuchte, in seinem Werk realistisch zu wirken.

Cavalcanti führt dieses Thema am Anfang seines Experimentalfilms *Rien que les heures* ein, indem er Paris (in einer laufenden Sequenz) auf verschiedenen Gemälden berühmter Maler zeigt. Danach folgt eine Sequenz von bewegten Bildern, in denen eine alte Frau in einer engen Gasse gefilmt wird, als wäre die Kamera eine Zeugin des Geschehens. Allmählich verschwinden die abstrakten Bilder vom Anfang des Films und werden durch dokumentarische Aufnahmen ersetzt. Hier zeigen sich die realistischen Tendenzen, die Cavalcantis Filme später kennzeichnen werden.

Zum besonderen Interesse einzelner Filmemacher der französischen Avantgarde am filmischen Realismus sagt Kracauer: „Wie zu erwarten, kam sowohl die Abneigung der Avantgardisten gegen die Spielhandlung als auch ihr damit zusammenhängendes Schwelgen in filmischen Kunstmitteln und Sujets der realistischen Tendenz bis zu einem gewissen Grad zugute" (Kracauer 2012: 243). Er erläutert auch, wie die Avantgarde der 1920er Jahre das Äußerste aus der physischen Realität herauszuholen versuchte und sich somit der Gattung des Dokumentarfilms annäherte (ibid.).

Für Kracauer ist wie die Fotografie auch der Film nicht nur geeignet, die physische Realität wiederzugeben, sondern durch seine technische Eigenschaft auch die Welt aus einer ganz neuen Perspektive zu zeigen. Der Film ermöglicht uns zu entdecken, was wir in unserem Alltag gar nicht mehr wahrnehmen. Das Filmbild deckt auf, es enthüllt (vgl. Kracauer 2012: 13-14).

Der Film befriedigt gleichzeitig das Bedürfnis des Menschen nach Illusion. Unter Illusion versteht man die Suche nach der Ähnlichkeit, welche die Malerei in verschiedenen Epochen zu erreichen anstrebte, vor allem in der Renaissance durch die Perspektive. Doch die Fotografie und der Film sind Entdeckungen, die diesen Zwang zur Realität erfüllen. Bazin zeigt uns, wie von Anfang an die Idee der Kinematografie eins mit der totalen, allumfassenden Darstellung der Realität war (vgl. Bazin 2009: 45-46).

Wegen der technischen Reproduktion hat der Film eine natürliche Neigung zum Realismus, und so führt er zur Vollendung der fotografischen Objektivität, auch in der Zeit. Denn wie Tröhler Bazins Theorie erklärt, ist es das Bild des Lebens als „Dauer" und „Veränderung" (Bergson), das die Dinge konserviert, „losgelöst von den Kontingenzen der konkreten Zeitlichkeit und dem Schicksal der Vergangenheit" (Tröhler 2009: 57). Bazin verwendet die Metapher des „Abdrucks" oder der „Spur", wie die von Christus' Antlitz auf dem Schweißtuch von Turin (vgl. Bazin 2009:38), um das Phänomen der Konservierung der Erscheinung und des Ausdrucks der Dinge im fotografischen Bild zu erklären.

Diese Ansicht Bazins fasst Tröhler folgendermaßen zusammen:

> Grundlage des kinematografischen Realismus ist die alltäglich-konkrete Welt, die in der fotografischen Aufnahme das Wesen der Dinge, Gegenstände und Menschen konserviert, weil sie als ‚Licht-Abdruck', als ‚Spur' ihrer sinnlichen Erscheinung funktioniert und ihnen dieselbe ontologische Existenz verschafft wie dem Modell in der Wirklichkeit. (ibid., 54)

Aus der Sicht der Rezeption lässt sich sagen, dass wir psychologisch vom hinterlassenen Abdruck auf dem Zelluloid betroffen sind, da diese Abdrücke von wirklichen Wesen hinterlassen wurden, was uns wiederum an ihre Existenz erinnert. Denn, wie Bazin schreibt, trägt die Totenmaske ihr Abbild, sie bewahrt die Erinnerung an das Original wie eine Mumie (vgl. Bazin 2009: 33).

Schließlich erfüllt das bewegte Filmbild das Bedürfnis nach Illusion, es ermöglicht die Kreation einer idealen Vorstellungswelt *nach dem Bilde* der Wirklichkeit (vgl. Tröhler 2009: 64).

3.4.2. Die Ebene der Abstraktion: Die filmische Gestaltung

Die zweite Ebene von Bazins Theorie, nach Kirsten die teleologische, befasst sich mit der historischen Evolution des Films und dessen Entwicklung zu einem immer größeren phänomenologischen Realismus. Kirsten konstatiert, dass die Essays, die diese Ebene betreffen, sich einerseits auf die technologischen Innovationen durch die Einführung des Tons, der Farbe, der Tricktechniken oder der besseren Objektive und auf der anderen Seite auf eine Veränderung der Filmsprache stützen (vgl. Kirsten 2013: 92–93). Diese Innovationen beabsichtigen eine Perfektionierung des Realitätseindruckes, um eine immer bessere Reproduktion des Lebens zu erreichen.

Wenn Bazin seinen Artikel „Ontologie des photographischen Bildes" mit den Satz „Andererseits ist der Film eine Sprache" beendet, eröffnet er damit das Thema, mit dem er sich in anderen Artikeln auseinandersetzen wird – insbesondere in „Die Entwicklung der Filmsprache" (1951) – und das zu einer Analyse der zweiten Stufe des kinematografischen Realismus führt. Als Sprache versteht Bazin alle Möglichkeiten des Ausdrucks von Bild und Ton, die er als Stil bezeichnet. Dem rohen Material der Welt wird ein Sinn gegeben und dieser dem Rezipienten in seiner Vieldeutigkeit dargeboten (vgl. Tröhler 2009: 59)

In Bazins Ansatz geht es um den stilistischen Eingriff in die ontologische Ebene des fotografischen Bildes, was an sich einer Antithese zur ontologischen Ebene gleichkommt. Konzeptuell bewegt sich diese Dialektik zwischen der konkreten Präsenz der Dinge durch den fotografischen Realismus (These) und der abstrakten, stilistischen Gestaltung des Films (Antithese) (vgl. Tröhler 2009: 54-59).

Im Artikel „Die Entwicklung der Filmsprache" stellt Bazin fest, dass am Ende der 1940er Jahre der Tonfilm eine Art klassische Vollkommenheit erreicht hatte, „die einerseits in der Reife der dramatischen Genres begründet war, die seit zehn Jahren ausgearbeitet oder vom Stummfilm übernommen worden waren, andererseits in der Stabilisierung der technischen Fortschritte" (Bazin 2009: 97). Über die besonders innovative technische Entwicklung dieser Zeit schreibt Bazin, dass es die 1930er Jahre waren, die zugleich den Ton und das panchromatische Filmmaterial brachten.

Cavalcanti muss auch in diesem Kontext der Entwicklung der Filmsprache situiert werden. Er war an der technischen Entwicklung des Films sehr interessiert und hatte sowohl für den Tonfilm als auch für die Farbfilme wichtige Beiträge geleistet. Außerdem enthält sein Buch *Filme e Realidade* kritische Essays aller Elemente der komplexen Struktur des Films. Mit seinen Filmen, in denen er immer einen gesteigerten Realismus suchte, nähert er sich dem Wunsch, durch den Film eine vollständige Illusion des Lebens zu erreichen.

Bazin analysiert zudem die verschiedenen Arten der Montage in der Entwicklung der kinematografischen Sprache und stellt die expressionistische und analytische Montage der realistischen Mise en Scène des italienischen Neorealismus gegenüber, der große Schärfentiefe und die Plansequenz privilegiert, was er als revolutionär erachtet. Für Bazin beginnt die Revolution der Filmsprache bei Orson Welles und findet ihren Höhepunkt im italienischen Neorealismus, bei Autoren wie Roberto Rossellini und Vittorio de Sica, die auf jeden Expressionismus oder Montage-Effekt verzichteten, weswegen sich der italienische Neorealismus gegen alle vorangegangenen Formen des realistischen Kinos stellte (vgl. Bazin 2009: 105). Rossellini und de Sica beabsichtigten, die Montage auf ein Minimum zu reduzieren und die Wirklichkeit in ihrer tatsächlichen Kontinuität auf die Leinwand zu bringen (ibid.). Bazin schätzte einen frühen Vertreter dieser Art von Realismus, den Regisseur Jean Renoir, der sich mit seiner Arbeit bemüht hatte, „das Geheimnis der filmischen Erzählform wiederzufinden, die alles ausdrücken kann, ohne die Welt zu zerstückeln, und den Sinn hinter den Dingen und Lebewesen herauszuarbeiten vermag, ohne deren natürliche Einheit zu zerstören" (ibid., 106-107).

Die Merkmale dieser Art von realistischer Mise en Scène sind die raumzeitliche Einheit des Ereignisses und die Situierung der menschlichen Figur in ihrer Umgebung sowie ihre Beziehung zu den Dingen. Diese realistische Filmgestaltung, die als Stilmittel die amerikanische und halbnahe Einstellung sowie die grosse Schärfentiefe und Plansequenz privilegiert, ermöglicht dem Zuschauer, das Universum der Figur von Innen zu erleben und als Zeuge zu betrachten.

Diese Art der Mise en Scène beteiligt den Zuschauer aktiv. Durch seine Aufmerksamkeit, seinen freien Blick und durch seine Auswahl entsteht erst der Sinn im Film, denn die Bedeutung soll nicht vorgegeben werden, der Blick der Kamera und die Montage sollen nicht ablenken, sondern in einem dialektischen Prozess, zwischen ontologischem Bild, Filmsprache und kognitiver Aktivität der Zuschauer entstehen.

Somit folgt Tröhler:

> Der Realismus von Bazin hat weniger mit dem getreuen Abbild der äusseren Welt zu tun als mit der aufrichtigen ‚Zeugenschaft' durch die Kamera und die filmische Mise-en-scène: Befreit von den konkreten Bedingungen von Zeit und Raum, die ein Geschehen in der Wirklichkeit bestimmen, kreiert die Leinwand eine imaginäre Realität, die den Zuschauerinnen und Zuschauern die Möglichkeit gibt, die Dinge neu zu sehen, die Tatsachen zu erkennen und sich die Welt [...] wieder anzueignen. (Tröhler 2013: 21)

Wie Tröhler ebenfalls erklärt, ist die Antithese der Sprache für Bazin „eine notwendige Bedingung, damit die ontologische Welthaftigkeit des Konkreten zur filmischen Bedeutung und zur Abstraktion findet" (Tröhler 2009: 60). Sie bemerkt aber, dass diese ideale Synthese für Bazin paradoxerweise gerade dann entsteht, „wenn sich die Mise-en-scène neutral verhält und scheinbar natürlich wirkt, wie das Leben selbst" (ibid.).

Ähnliche Denkweisen finden wir bei Kracauer, der dem Film eine Affinität zum Kontinuum des Lebens, zum „Fluss des Lebens" (Simmel) zugesteht, weil er die Tendenz hat, physische Realität in ihrer Endlosigkeit einzufangen. Der Begriff „Fluss des Lebens", so Kracauer, umfasst „den Strom materieller Situationen und Geschehnisse mit allem, was sie an Gefühlen, Werten, Gedanken suggerieren. Das heißt aber, dass der Fluss des Lebens vorwiegend ein materielles Kontinuum ist, obwohl er definitionsgemäß auch in die geistige Dimension hineinreicht" (Kracauer 2012: 109). Filme geben eine Form von Alltagsleben wieder, indem sie den Menschen im Strom materieller Situationen zeigen.

Nach Bazin entsteht durch den filmischen Realismus also eine Leinwandwelt, die offen für die Wirklichkeit ist. Tröhler bemerkt, dass Bazins Theorie des Realismus eine Utopie beinhaltet, denn für ihn enthält diese Leinwandwelt ein „Zukunftsprojekt" für eine bessere Welt (vgl. Tröhler 2013: 24). Dieses „Zukunftsprojekt" entsteht durch einen Erkenntnisprozess, in dem der Zuschauer in den Übertragungsmomenten die Realität in sich aufnimmt, sie bearbeitet und ihr einen neuen Sinn gibt. Dadurch entsteht – ähnlich wie für den Formalismus – ein neues Sehen (vgl. Tröhler 2009: 70).

3.4.3. Die dritte Ebene: Die Vielfalt des Realismus

Die dritte Ebene ist etwa komplexer, denn Bazin setzt sich mit der theoretischen Analyse einzelner Werke auseinander, wobei er den Realismus einzelner Filme oder Filmgruppen diskutiert, um zum Schluss zu kommen, dass es nicht einen, sondern viele Realismen gibt. Bazin bemerkt, dass jede Epoche ihren eigenen Realismus sucht, das heißt „jene Technik und Ästhetik, die am besten einfangen, aufnehmen und wiedergeben können, was man von der Realität einfangen will" (Bazin 1981: 46). So definiert sich Realismus nicht durch eine bestimmte Thematik, einen Erzählmodus, einen Stil oder eine Technik, sondern durch verschiedene Merkmale, die eine Epoche kennzeichnen. Sogar innerhalb des Werkes eines einzigen Autors kann der Realismus unterschiedlich zum Ausdruck kommen. Das Werk Cavalcantis fügt sich in diesen Gedanken, denn seine Filme sind immer wieder von einer neuen

Ästhetik geprägt. Die Veränderung der ästhetischen Merkmale jeder Epoche hängt mit der Funktion der dynamischen Prozesse der Kunst zusammen, die sich, wie Jakobson erklärt, auf der Suche nach einem neuen Realismus mittels Verfremdung der kanonisierten Muster immer verändern.

Auch wenn Bazin unterschiedliche Filmstile als Realismus bestimmt, legt er grossen Wert auf den italienischen Neorealismus, der für ihn wegen der besonderen Aspekte der Mise en Scène den Höhepunkt des filmischen Realismus darstellt. In den neorealistischen Werken treten die formalen Aspekte zugunsten einer ethischen, psychologischen und politischen Wirkung zurück, sodass Bazin den Neorealismus in erster Linie als Humanismus betrachtet.

Nach Bazin haben die frühen neorealistischen Filme ihr Ziel, näher an die Realität zu rücken, vorzüglich erreicht, da sie nicht eine Geschichte erzählen, die sich der Realität annähert, sondern ausgehend von der Realität eine Geschichte entwickeln. Was den Neorealismus von den anderen Arten von Realismus im Film unterscheidet, ist ein Bewusstsein, das sich zu unterschiedlichsten Zeiten und in unterschiedlichen Kulturen entwickeln kann.

So schreibt Bazin:

> Der Neorealismus ist eine globale Beschreibung der Wirklichkeit durch ein globales Bewusstsein. Darunter verstehe ich, dass der Neorealismus sich von realistischen Ästhetiken, die ihm vorausgegangen sind, insbesondere vom Naturalismus und vom Verismus, dadurch unterscheidet, dass sein Realismus sich nicht so sehr auf die Themenwahl bezieht als vielmehr auf die geistige Haltung. (Bazin 2009: 395)

Für Bazin ist es ein Bewusstsein für den historischen Moment. Darüber hinaus folgt die Mise en Scène nicht den klassischen Vorgaben, sich dem expressionistischen Spiel des Schauspielers anzupassen. Laiendarsteller, unbekannte und bekannte Schauspieler spielen oft zusammen. Vom professionellen Schauspieler wird dabei verlangt, nur zu *sein* statt etwas auszudrücken. Originalschauplätze werden gebauten Dekors vorgezogen, wodurch auch der Einsatz von Kunstlicht für die Bildgestaltung reduziert ist. Der radikalste Unterschied findet sich aber in der Erzählstruktur, denn die wahre Dauer des Geschehens wird respektiert (vgl. ibid., 357–358).

Um ein Bild von den ästhetischen Merkmalen des Neorealismus zu vermitteln und um zu zeigen, wie gegenwärtig dieses Bewusstsein ist, analysiert Bazin detailliert einzelne Filme des italienischen Nachkriegskinos. Er kommt zum Schluss: „Realismus definiert sich nicht durch den Zweck, sondern durch die Mittel, und der Neorealismus durch ein bestimmtes Verhältnis dieser Mittel zu ihrem Zweck" (ibid., 384).

3.5. Die Rolle des Dokumentarfilms für den neorealistischen Film

Bei der Betrachtung zweier verschiedener Strömungen wie dem britischen Dokumentarfilm der 1930er Jahre und der neorealistischen Bewegung der Nachkriegszeit in Italien stellt man fest, dass die Mittel, die die neorealistischen Filmregisseure und die Dokumentarfilmemacher benutzen, um ihre Filme realistisch zu gestalten, oft dieselben sind. Was die beiden Gattungen unterscheidet, ist gemäß Bazin das bestimmte Verhältnis dieser Mittel zu ihrem Zweck.

Wie schon erwähnt, hatte die britische Dokumentarfilmschule von Grierson das Anliegen, das Kino in den Dienst der gesellschaftlichen Erziehung zu stellen. Der Film war als populäres Bildungsinstrument konzipiert. Im Gegensatz dazu verfolgte der neorealistische Film ethische und ästhetische Absichten. Kracauer war der Ansicht, dass Grierson sich nicht für den Film als solchen interessierte, denn für ihn galt der Dokumentarfilm als „vorzügliches Mittel zur Verbreitung bürgerlicher Erziehung in einer Zeit und einer Welt, in der die Stärke der Demokratie mehr denn je vom Fluss der Nachrichten und dem allgemeinen guten Willen abhängt" (ibid., 280). Er kritisiert auch die Dokumentarfilmregisseure, da sie nicht versuchten, aus dem Bildmaterial zu entwickeln, was sie zeigen, sondern die Dinge auf intellektuelle oder ideologische Art angingen: Auf diese Weise „behauptet die geistige Realität den Vorrang vor der physischen" (Kracauer 2012: 277). Für Kracauer hat Grierson dieser Gattung gewiss etwas Neues gebracht, sie aber zugleich ihrer filmischen Intentionen entfremdet (ibid., 280).

Die neuen technischen Möglichkeiten des Tonfilms trugen dazu bei, dass die ideologische Aussage im Medium Film offensichtlich wurde. Nach dem Aufkommen des Tonfilms – so Kracauer – „konnten sich die Dokumentarfilm-Hersteller, denen es vorwiegend um geistige Realität ging, des gesprochenen Wortes bedienen als des zweifellos geeignetsten Instruments für begriffliches Denken und ideologische Mitteilungen" (ibid., 278).

Tom Gunning erinnert daran, dass Grierson, als er 1926 den Ausdruck „Dokumentarfilm" einführte, nicht die Absicht hatte, die Gesamtheit nicht-fiktionaler Filme abzudecken. Eher wollte er damit die neue Herangehensweise von der übrigen Produktion abgrenzen. Grierson machte einen Unterschied zwischen dem Dokumentarfilm und den anderen Filmen, die auch auf ‚natürlichem Material' beruhten, wie Wochenschauen, wissenschaftliche Filme oder Lehrfilme: „Für Grierson bedeutete der Wechsel von diesen frühen Formen zum Dokumentarfilm im eigentlichen Sinn einen Übergang von einfachen (oder phantasievollen) Beschreibungen eines natürlichen Materials hin zu dessen Anordnung, Neuanordnung und kreativer Gestaltung" (Gunning 1995: 113).

Auch wenn Kracauer die filmischen Intentionen der britischen Dokumentarfilmbewegung anzweifelt, stellt sich in Anbetracht der Gemeinsamkeiten dieser Bewegung und des Neorealismus die Frage, inwiefern der Dokumentarfilm einen Einfluss auf die Ästhetik der neorealistischen Filme hatte. In der Diskussion über die gemeinsamen Qualitäten von fiktionalen und nicht-fiktionalen Filmen erinnert Luca Caminati (2012) daran, dass es für Bill Nichols eine „social mission" ist, die diese beiden Modi trennt. In der Nachkriegszeit jedoch fand der Dokumentarfilm im Bereich der Fiktion einen Verbündeten für seine ethischen Anliegen, dank der verantwortungsvollen und engagierten Repräsentation der Geschichte in den italienischen neorealistischen Filmen (vgl. Caminati 2012: 52).

Die engagierte Verantwortung für die Geschichte ist vielleicht das wichtigste Erbe, das der Neorealismus hinterlassen hat. Doch gibt es weitere Verbindungen zwischen dem Neorealismus und dem Realismus der britischen Dokumentarfilmbewegung.

Caminati untersucht die historischen Verbindungen in der Produktion von Dokumentar- und Spielfilmen in Italien der 1930er Jahre wie auch die internationale Geschichte des Dokumentarfilms in der Vorkriegszeit und versucht, deren Auswirkungen auf die stilistischen Veränderungen der fiktionalen italienischen Filme zu rekonstruieren: „This shift from documentary to fiction is particularly significant for the artistic trajectory of Italian directors working at the Centro Sperimentale and of those, like Roberto Rossellini, who started their careers as documentary filmmakers" (ibid., 54). Caminati stellt fest, dass die italienischen Dokumentarfilme – mit Ausnahmen der propagandistischen LUCE-Wochenschauen – während des faschistischen Regimes sehr von den narrativen Dokumentarfilmen der Briten beeinflusst waren. Die Artikel in den Filmzeitschriften dieser Zeit berichteten über das soziale Engagement von Grierson, die narrativen Dokumentarfilme von Flaherty und die Experimente der dokumentarischen Fiktion wie zum Beispiel Murnaus *Tabu*

(1931). Unter diesen Voraussetzungen bildete sich eine Gruppe von italienischen Filmemachern mit den gleichen Anliegen. Somit entstand auch in Italien der *documentario narrativo*, eine Hybridform von Fiktions- und Dokumentarfilm im Stile von *Nanook oft he North* (1922). Gemäß Caminati muss das aufkommende Interesse an dieser neuen dokumentarischen Formen Alberto Cavalcanti zugeschrieben werden, denn dieser lehrte im *Centro Sperimentale di Cinematografia* in Rom und schrieb viele Artikel für die Zeitschrift *Bianco e Nero*[58] (vgl. ibid., 58). Caminati macht darauf aufmerksam, dass die Rolle von Cavalcanti als einem Erneuerer der italienischen Dokumentarfilmszene bis heute noch nicht voll gewürdigt worden ist. Mit seinen Recherchen versucht Caminati die Bedeutung der italienischen, nicht fiktionalen Filmproduktionen der 1930er Jahre für das Phänomen des Neorealismus aufzuzeigen, in der Überzeugung, dass „any history of Italian cinema would certainly lack a very important piece of the puzzle without the lively Italian documentary scene of the late 1930s" (ibid., 63).

3.6. Verfremdung durch ein Hybrid-Genre: Der narrative Dokumentarfilm

Der narrative Dokumentarfilm hat seinen Höhepunkt in der britischen Dokumentarfilmbewegung erlebt. Kracauer weist darauf hin, dass sich dieses besondere Genre von der leicht angedeuteten Handlung der Flaherty Filme hat inspirieren lassen. Flaherty forderte, dass eine „Story" nicht aus den Handlungen Einzelner, sondern aus dem Leben eines Volkes kommen müsse. Eine Story soll aus dem Rohmaterial des Lebens entnommen werden und sich nicht vorher festgelegten Forderungen unterwerfen (vgl. Kracauer 2013: 326–327). Unter dem Einfluss von Cavalcanti wurde der Dokumentarfilm immer narrativer. Beispielsweise wurde in *North Sea* die Realität so dramatisiert, dass es schwierig ist zu unterscheiden, wo das Dokumentarische aufhört und wo die Fiktion beginnt. Paul Rotha zum Beispiel definiert *North Sea* als Dokumentarfilm „an der Grenze zum Spielfilm" (vgl. Kracauer 2012. 328). Kracauer warnt vor der Schwierigkeit bei einer beabsichtigten Verschmelzung von Story- und Dokumentarfilm, besonders wenn die Regisseure eine stark ausgeprägte gefundene Story in ein handlungsfreies Geflecht dokumentarischer Aufnahmen einweben wollen: „Es bedarf großen Takts, diese auseinanderstrebenden Arten der Kontinuität, aus denen ein dramatischer Dokumentarfilm notwendigerweise besteht, in eine Einheit zusammenzufügen" (Kracauer 2012: 330).

---

58 Gegründet 1937 ist *Bianco e Nero* die älteste italienische Filmzeitschrift.

Cavalcantis langjährige Erfahrung mit der Verschmelzung von *gefundenen* mit *erfundenen* Geschichten ist verantwortlich für das gelungene Gleichgewicht zwischen Drama und Reportage und zwischen fiktiver Handlung und dokumentarischen Bildern. Daraus leite ich eine weitere These ab: Im Film *O Canto do Mar* hat Cavalcanti gefundene mit erfundenen Geschichten auf stilisierte Art in einem poetischen Realismus verschmolzen.

Basierend auf den theoretischen Überlegungen zum Realismus, die hier kurz dargelegt wurden, können wir schlussfolgern, dass der Realismus, wie Jakobson formuliert, eine Kunstströmung ist, die danach strebt, die Realität möglichst unverfälscht wiederzugeben. Doch die Wirklichkeit wandelt sich und damit auch die Haltung und Ästhetik des Realismus. So bemerkt auch Sklovskij, dass es die zentrale Aufgabe der Kunst sei, die Wahrnehmung dem Automatismus zu entreißen und diese Entautomatisierung durch Verfremdung zu bewirken. Jede Epoche hat also immer neue Mittel und eine neue Ästhetik gefunden, die Realität darzustellen und dabei einen höheren Realismus zu erreichen. Durch eine Kombination von verschiedenen Gattungen entsteht ein neues hybrides Subgenre wie der narrative Dokumentarfilm, der sich sowohl Elemente des fiktionalen wie auch des nicht-fiktionalen Filmes aneignet.

Nicht nur charakterisieren verschiedene ästhetische Merkmale Werke unterschiedlicher Filmautoren, auch innerhalb des Werkes eines einzelnen Autors kann der Realismus verschiedene Facetten annehmen. Auf dieser Grundlage möchte ich den Realismus im Film *O Canto do Mar* von Alberto Cavalcanti unter dem Gesichtspunkt seines Bezuges zum Neorealismus analysieren.

4. Analyse – *O Canto do Mar*

> Mich interessiert nur die Realität. Der Künstler muss die Wirklichkeit in Poesie verwandeln, muss die Poesie befreien, welche in der Realität eingeschlossen ist.[59]

Interessanterweise nimmt Cavalcanti mit *O Canto do Mar* ein Thema auf, das er schon bei seinem frühen Film *En Rade* verwendet hatte: das Leben von einfachen Leuten am Meer, wo Häfen als Durchgangsorte dienen, an denen die Menschen von fernen Ländern und einem besseren Leben träumen. Dieses Remake, das ursprünglich im Hafen von Marseille spielte, wurde jetzt nach Recife verlegt, der Hauptstadt des Bundesstaates Pernambuco in Brasilien. Die Geschichte erzählt vom Leben einer armen Familie in einem Fischerdorf nahe dem großen Hafen von Recife.

Was *En Rade* von *O Canto do Mar* unterscheidet ist die Tatsache, dass im zweiten Film zwei Realitäten parallel dargestellt werden: die Migrationswelle der 1950er Jahre vom Nordosten Brasiliens in den Süden – die dokumentarisch dargestellt wird –, und die fiktive Geschichte einer armen Familie, deren Sohn davon träumt der Armut zu entfliehen. Es ist eine gefundene Geschichte,[60] die mit einer erfundenen Geschichte verflochten wird und Cavalcantis Erfahrung mit dem Spiel- und Dokumentarfilm verbindet. Die Verbindung einer vorhandenen Geschichte mit einer zweiten, aus der lokalen Realität abgeleiteten, hebt den dokumentarischen Aspekt des Films hervor und zeigt wie sehr die englische Dokumentarfilmschule Cavalcantis Werk geprägt hat.

Die Geschichte der Migranten[61] ist im kargen Gebiet des Nordostens von Brasilien angesiedelt, wo Dürre und Hunger die Menschen plagen und sie zwingen, in den

---

59 Só me interessa a realidade, o artista deve converter a realidade em poesia, deve libertar a poesia que a realidade encerra. Alberto Cavalcanti zitiert in Sergio Caldieri. (Caldieri 2005 : 33).

60 Die gefundene Geschichte oder „Gefundene Story" bezieht sich auf alle Stories, die im Material der gegebenen physischen Realität gefunden werden (vgl. Kracauer 2012: 323).

61 Das Thema wird in einer Folge des Episodenfilms *Die Windrose* (1957) von Joris Ivens wieder aufgegriffen. In diesem Dokumentarfilm, erzählen fünf Regisseure aus fünf Ländern eine Geschichte aus dem Leben von fünf Frauen in ihrem Kampf für eine bessere Gesellschaft. Die brasilianische Episode, unter der Regie von Alex Viany, mit der Produktion von Alberto Cavalcanti, hieß *Ana*. Das Drehbuch stammt von Trigueirinho Neto und erzählt die Geschichte einer Gruppe von *retirantes*, die Sklavenarbeit verrichten.

Süden zu migrieren. Die erste Station der *retirantes*[62] ist Recife, von wo aus sie mit einem Schiff weiter nach Süden fahren werden. Hier spielt die erfundene Geschichte, das Drama einer Familie, die in Armut am Strand lebt. Der Wahnsinn des Vaters, der sich absondert, zwingt die Mutter, die ganze Verantwortung für die Familie zu übernehmen, als Wäscherin Geld zu verdienen und sich mit Hilfe der Kinder durchzuschlagen. Der älteste Sohn, unzufrieden mit der Situation in Armut, träumt davon, ein Mädchen aus dem Dorf zu heiraten, mit den *retirantes* in den Süden zu migrieren, eine bessere Zukunft zu suchen und dadurch der Familie ein würdiges Leben zu ermöglichen.

Wie Cavalcanti die beiden Geschichten inszeniert, werde ich anschließend analysieren. Dabei folge ich in groben Zügen den Prinzipien des neoformalistischen Vorgehens, wie Kristin Thompson (1995) es darlegt.

4.1. Die Kritik an Cavalcanti und seinem Werk

Auch wenn *O Canto do Mar* ein damals sehr aktuelles Thema aufgreift – die Migrationswelle der 1950er Jahre vom Nordosten Brasiliens nach Südosten und vor allem ins stark industrialisierte São Paulo –, wurde er wegen seiner Künstlichkeit insbesondere hinsichtlich der erfundenen Familiengeschichte kritisiert. Dies mag paradox klingen, schwebte Cavalcanti doch ein realistischer Film vor.

Zu Beginn der 1960er Jahre übte Glauber Rocha, der wichtigste Vertreter des späteren *Cinema Novo*, scharfe Kritik am Filmschaffen Alberto Cavalcantis. Rocha beanstandete, dass Cavalcanti nicht erkannt habe, dass es damals in Brasilien bereits ein *Independent Cinema* gab, das den Weg zu einem wirklich nationalen Film eingeschlagen hatte. Über *O Canto do Mar* schrieb Glauber Rocha:

> Cavalcanti commit l'erreur d'adapter un sujet de 1927 en conservant les conceptions sociales et esthétiques de cette époque-là. C'est ainsi qu'un film qui aurait dû naturellement approcher la réalité dans un style de prises de vue dénudé et cru, à la manière d'un Flaherty que Cavalcanti admirait tant, souffrit dès le début d'une mise en scène académisante dont la structure et le traitement dramatique n'avaient rien de commun ne serait-ce qu'avec les éléments caractéristiques du roman nordestin, notre expression littéraire la plus forte.[63] (Rocha 1988: 373)

---

62 *Retirantes*: Migranten aus dem Nordosten Brasiliens, die ihr Glück im Süden suchen.
63 Cavalcanti begeht den Fehler, eine Geschichte von 1927 zu adaptieren und dabei die sozialen und ästhetischen Vorstellungen jener Zeit beizubehalten. Damit leidet der Film, der auf eine entblößte und rohe Art die Realität darstellen sollte – wie im Stile Flahertys, den

Für die Vorläufer des *Cinema Novo* wurden bei *O Canto do Mar* zu viele Konventionen umgesetzt. Die Kadrierung, die Fotografie, die Beleuchtung und die Montage folgen der Logik des klassischen Kinos. Ein solcher Akademismus führe – so Rocha – „[...] dans la profonde erreur de l'esthétisation du social [...]"[64] (Rocha 1988: 373). Der Grund für dieses Empfinden liegt vielleicht nicht so sehr in der akademischen Inszenierung, als vielmehr in der außergewöhnlichen Kombination einer gefundenen mit einer melodramatischen, erfundenen Geschichte. Denn *O Canto do Mar* ist nicht wie *North Sea* (1938) ein Dokumentarfilm, der die Realität dramatisiert, sondern man sieht hier klar die Grenze zwischen Dokumentar- und Spielfilm.

Von Cavalcanti erwartete man unter dem Einfluss der italienischen neorealistischen Filme ein Meisterwerk des Realismus, was manche Kritiker auch so empfanden.

Nachfolgend werde ich verschiedene Aspekte des Films hervorheben, die veranschaulichen sollen, warum dieser realistische Film von Cavalcanti im Brasilien Kontroversen auslöste.

4.2. Ein trügerischer Vorspann: Dokumentarfilm oder Fiktion?

Der lange Vorspann von *O Canto do Mar* gibt vor, dass es sich um einen Spielfilm handle. Während der Titel, die Schauspielernamen und andere Informationen langsam und in großen Buchstaben gezeigt werden, hört man symphonische Musik.[65] Im Hintergrund ist eine Sequenz von neun naturalistischen Gemälden *(Abbildung 16)* zu sehen, die eine dürre Landschaft abbilden [00:00:12 – 00:01:38]. Die Bilder[66] heben Motive dieser Landschaft hervor, wie zum Beispiel einen Kaktus, ver-

---

Cavalcanti so sehr verehrte –, von Anfang an unter einer akademischen Inszenierung. Die Struktur und die dramatische Entwicklung haben nichts mit den charakteristischen Elementen der Romane aus dem Nordosten zu tun, die unser stärkster literarischer Ausdruck sind. (Übers.: S.M.)

64 [...] zum gravierenden Fehler der Ästhetisierung des Sozialen. (Übers.: S.M.)
65 Die originale orchestrierte Filmmusik von *O Canto do Mar* stammt von César Guerra-Peixe (1914-1993), einem wichtigen Komponisten klassischer brasilianischer Musik, der auch die populäre Musik erforschte. Als großer Kenner der populären Kultur half Guerra-Peixe auch bei der Auswahl der diegetischen Musik des Films mit, die Marktschreier, Klagegesänge, brasilianische Volkslieder, Musik für religiöse und populäre Feste einschließt. Eine ausführliche Analyse der Musik in *O Canto do Mar*, ist in der Doktorarbeit von Cecília Nazaré de Lima (2012) zu finden.
66 Die Einzelbilder von *O Canto do Mar* sind aus der Kopie mit Wasserzeichen, die

trocknete Bäume, Geier und Tierskelette, aber auch Arbeitsgeräte wie eine Hacke, die in der Erde stecken geblieben ist und darauf hinweisen soll, dass durch die Dürre die Leute von ihren Ländereien vertrieben wurden. Ein Schiff und Möwen sowie eine idyllische Landschaft mit einem schilfbedeckten Haus und Kokospalmen am Strand evozieren Fernweh. Diese Sequenz ist auf einer symbolischen Ebene narrativ und dient als Einstieg in die Diegese.

Sobald der Vorspann endet, beginnt der Film mit einer Karte des Nordostens von Brasilien *(Abbildung 17)*. Die Grenzlinien der Bundesländer dieser Region verwischen sich durch eine Überblendung zu einem Bild von mit Rissen überzogener, vertrockneter Erde. Die Erzählung wird realistischer, denn eine Sequenz von vier Fotos zeigt die Landschaft, welche die Gemälde des Vorspanns abbildet. Erst dann sieht man filmische Aufnahmen des Landes begleitet von einer Erzählerstimme, die dramatisierend die Trockenheit *(Abbildung 18)*, den Zustand der Natur und die Situation des Volks, kommentiert:

 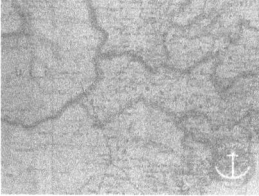 

Abbildung 16 *Abbildung 17* *Abbildung 18*

Schon lange regnet es nicht mehr. Die trockene Erde reißt bis zum Horizont auf. Kein Regen. Der immer blaue Himmel wartet auf die schlimmen Tage, die kommen werden. Die Äste, verbrannt von der Sonne zeigen zum Himmel, wie wenn sie um Gnade flehen würden.[67]

---

freundlicherweise von der Maristela Filmes zur Verfügung gestellt wurde.
67 „Há muito tempo que não chove. A terra seca, virgem de água, racha-se até o horizonte. Não chove! O céu sempre azul aguarda os dias piores que hão de vir. Não chove! Os galhos das árvores tostadas pelo sol apontam para o céu como se pedissem clemência."

Die Erzählung widerspiegelt ein damals aktuelles Thema. Die reale Situation der Migranten zeigt Cavalcanti in dieser Sequenz des Films durch eine ausführliche Darstellung der Landschaft, die zum Teil als Kulisse für kleine Inszenierungen des Lebens der *retirantes* dient.

Abbildung 19 (00:02:25)   *Abbildung 20 (00:04:15)*   *Abbildung 21 (00:05:24)*

> Die Leute bereiten sich darauf vor, wegzuziehen, und sie sprechen nichts, wenn sie sich treffen. Es gibt keinen Grund, etwas zu sagen, denn sie wissen nur zu gut, was die nächsten Tage bringen werden. Sie werden alles verlassen, was sie aufgebaut haben. Es ist der Durst, die langen Märsche, der Tod. Die Geier ahnen das Unglück und verkünden das Schicksal der schlaflosen Nächte, der Gefahr der staubigen Straße, der Fata Morgana der Städte, wo die Gegeißelten den Durst und den Hunger stillen können. Das Haus wird nur Erinnerung bleiben [...][68]

Die Bilder illustrieren fast eins zu eins, was der Erzähler beschreibt. Die realen Schauplätze und die realen Figuren verlangen eine „dokumentarisierende Lektüre des Films" (im Sinne von Roger Odin 1998), was einen Widerspruch auslöst, denn der Vorspann kündigt einen Spielfilm an. Die Familien inszenieren ihren eigenen Exodus *(Abbildung 19, Abbildung 20, Abbildung 21)*. Da das Thema der *retirantes* seit den 1940er Jahren in der Presse erschien, rezipierte man diese Bilder tendenziell als realistisch. Die *retirantes* sind auch durch die Ikonografie der populären Kultur oder durch die Malerei in der Vorstellung des Volks verhaftet.

---

68 „A gente prepara-se para abandonar a caatinga seca. E as pessoas, quando se encontram, não falam. Não há necessidade de palavras para eles, pois bem sabem o que os espera nos dias que rastram ventos. É o abandono de tudo que construíram. É a sede, as longas caminhadas. A morte. Os urubus já pressentiram a desgraça, e anunciam a infelicidade dos dias tórridos, das noites insones, dos perigos nas estradas empoeiradas. Na miragem de cidades longíquas, onde os flagelados possam matar a sede e a fome. Não chove! A casa ficará na recordação [...]."

4.3. Die britische Dokumentarschule im Hintergrund

Die dokumentarisch-realistischen Filmbilder, welche die Aussagen des Erzählers begleiten, gelten als Anregung für meine erste Frage in Bezug auf die Gestaltung des Films:

- Sind in *O Canto do Mar* noch Züge einer realistischen Ästhetik anderer Schulen, denen Cavalcanti angehört hatte, zu erkennen, z. B. der französischen Avantgarde der 1920er Jahre oder des britischen Dokumentarfilms der 1930er Jahre?

Der Filmanfang hat formale Ähnlichkeiten mit *Rien que les heures*: Verwendung einer Landkarte, um den Ort zu kennzeichnen (dort die Stadt Paris), Sequenzen von Bildern der Landschaften, Gemälde, Fotografie, Kommentare (dort mit Tafeln statt einer *Voice-over*) sowie das Zurückgreifen auf naturgegebenes Material, in dem kleine narrative Momente vorkommen. Doch von der französischen Avantgarde sind wenige Merkmale erkennbar. Der Film ist von einer anderen Ästhetik gekennzeichnet, die ich in der Folge analysieren werde.

Abbildung 22
Marsch der retirantes *in* O Canto do Mar

Abbildung 23
Pilgerfahrt in Song of Ceylon

Die erste Sequenz, die etwa vier Minuten dauert, ist geprägt durch Merkmale des britischen Dokumentarfilms der 1930er Jahre und erinnert besonders an den Film *Song of Ceylon*, eine Produktion der GPO Film Unit, die ethnografische Bilder aus Sri Lanka enthält und das Leben der Singhalesen durch die Inszenierung des Alltags zeigt. Während in *Song of Ceylon* die Menschen zu einem religiösen Ritual pilgern, marschieren in *O Canto do Mar* die Migranten durch die Dürre und interpretieren die eigene Auswanderung. Die Bildersprache in *O Canto do Mar* *(Abbildung 22)* erinnert an jene von *Song of Ceylon (Abbildung 23)*[69].

In der ersten inszenierten Sequenz [00:02:21] sehen wir einen Mann mit zerschlissenen Kleidern, der zu einer Frau kommt, die im Vordergrund auf dem Boden sitzt. Auf einem kleinen Erdhügel deutet ein Kreuz an, dass ein Kind gestorben ist. Als nächstes richtet der Mann die wenige, verbliebene Verpflegung für den langen Weg. Er verlässt das Haus und folgt anderen Menschen, die auch wegziehen. Weitere Familien mit ihren Tieren schließen sich der Gruppe an. Die verschiedenen Einstellungen dieser Sequenz, die immer andere Ausschnitte der Landschaft zeigen, geben einen Einblick in die Geografie der Region, und deuten das Phänomen der massenhaften Migration an.

In einer anderen gestellten Szene [00:04:30] sieht man *retirantes*, die auf einem *Pau de Arara*[70] das Land verlassen. Der Lastwagen fährt durch die trockene *caatinga*[71] und hält an einem Wasserloch, um Wasser zu holen. Das ist der erste Moment, in dem die Erzählerstimme ausbleibt und der Lastwagenfahrer zu hören ist, der vorschlägt, ein anderes Wasserloch zu suchen, da dieses schon trocken sei.

Inzwischen ist man mit dem narrativen Dokumentarfilm vertraut, einem Stil, der die Produktionen der GPO Film Unit kennzeichnet, wie im Kapitel 2.2 beschrieben. Doch am Ende der Sequenz [00:06:01] kreuzt sich die „erfundene" mit der „gefundenen" Geschichte, da Cavalcanti die Umgebung dieser historischen Migrationsgebiete als Kulisse wählt, um eine fiktionale Geschichte zu erzählen.

Das Zusammentreffen dieser beiden Erzählungen geschieht in der sechsten Minute des Films, als sich durch eine Überblendung fliegende Geier über dem ausgetrockneten Land in Möwen über dem Meer verwandeln. Der Lastwagen mit den *retirantes*, den man schon in einer früheren Szene am Wasserloch gesehen hat, hält am Strand. Die Leute steigen aus und rennen Richtung Meer. Nach dem nächsten Schnitt sieht man einen Fluss, an dessen Ufer Frauen Kleider waschen. Ein Kind

---

69 Die Fotografien der Dreharbeiten von *O Canto do Mar* wurden freundlicherweise von der Maristela Filmes zur Verfügung gestellt.
70 *Pau-de-Arara* (wörtlich Papageienstange) ist die Bezeichnung, die im Nordosten Brasiliens für einen Lastwagen mit Sitzbrettern für Passagiere verwendet wird.
71 *Caatinga* bezeichnet die semiaride Buschlandschaft Brasiliens.

(Silvino), das im Vordergrund neben seiner Mutter steht, dreht sich um und beobachtet die Ankunft der *retirantes (Abbildung 24)*. Das Kind läuft weg und verschwindet aus dem Bild. Es erscheint in einer nächsten Einstellung wieder, mit den Kindern der *retirantes* am Strand spielend *(Abbildung 25)*. Die Mutter (Samaria) ruft das Kind, das wieder zu den Frauen am Fluss kommt. Eine Sequenz von mehreren Aufnahmen zeigt die Wäscherinnen mit Kleiderbündeln, die in einer Reihe ins Dorf zurückkehren *(Abbildung 26)*. Die erfundene Geschichte wird allmählich mit der dokumentarisch-narrativen Migrantengeschichte verflochten.

Abbildung 24 (00:06:31)   *Abbildung 25 (00:06:36)*   *Abbildung 26 (00:07:28)*

4.4. Verflechtung von erfundenen und gefundenen Geschichten

Als nächstes werden in der Art einer Exposition das Dorf, das Haus und die Hauptfiguren der erfundenen Geschichte präsentiert. In einem kleinen, schilfbedeckten Haus am Strand serviert Samaria das Essen für die Familie. Dank der Dialoge zwischen ihr und ihren Kindern versteht man ihre Probleme und die Verbindung dieser Figuren zu den Migranten. Die Mutter erzählt von ihrer Begegnung mit ihnen am Strand. Der älteste Sohn (Raimundo) sagt, dass auch er davon träumt, nach Süden zu gehen. Doch das Drama des abwesenden Vaters (Zé Luis), der durch den leeren Teller am Tisch symbolisiert wird, rückt in den Vordergrund [00:11:12]. Ab diesem Moment entfaltet sich die Handlung und die erfundene Geschichte nimmt den größten Teil des Films ein. Die dokumentarischen Bilder der Migranten werden nun seltener in die Erzählung integriert.

Das Lenken des Blicks auf eine fiktionale Geschichte, wobei die echten *retirantes* später wieder in die Handlung eingefügt werden, führt mich zur nächsten Frage:

- Wie interagieren die Hauptfiguren mit den Laienschauspielern – den authentischen Migranten – in den Szenen, die zum Teil dokumentarisch wirken?

Wie integriert Cavalcanti das Dokumentarische in den fiktionalen Film und umgekehrt?

Es gibt nur drei Momente in *O Canto do Mar*, in denen die Hauptfiguren mit den echten Migranten interagieren. Zum einen [00:06:00], als der kleine Sohn der Wäscherin am Strand mit den Kindern der *retirantes* erscheint. Es handelt sich hier um eine gestellte Szene, in der die Migranten darstellen, wie sie das Meer nach der langen Reise endlich erreichen. In einer anderen Szene [00:45:40] verkauft Raimundo am Hafen Mangos. Nach einem Schnitt werden die *retirantes* auf einem Schiff gezeigt [00:46:09]. In der nächsten Einstellung kommt Raimundos Vater zu ihm, um die Abfahrt des Schiffes mitzuverfolgen. Die diegetische Musik und die Geräusche, zusammen mit der Montage erwecken den Eindruck, dass die erzählte Geschichte ins reale Leben dringt. Der dokumentarische Charakter erscheint wieder, und wir hören wie zu Beginn des Films eine *Voice-over*, die über die *retirantes* *(Abbildung 27)* spricht:

[...] für einige Tage beherbergte die Stadt die *retirantes* und im Hafen betrachten sie, zum letzten Mal, die Landschaft des Nordostens. Jetzt sind sie auf dem Weg in den Süden und entkommen der sengenden Sonne.[72]

Abbildung 27

Diese Szene dauert nur zwei Minuten, doch der Einsatz der *Voice-over* versetzt den Zuschauer in einen ambivalenten Zustand, in dem er zwischen einer „dokumentarisierenden" und einer „fiktivisierenden" Filmlektüre[73] oszilliert, denn obwohl die Montage uns überzeugen will, dass Sohn und Vater wirklich die Migranten beobachten, wirken die Aufnahmen der *retirantes* auf dem Schiff authentisch, als wä-

---

72 „[...] por alguns dias, a cidade do mar acolheu os sertanejos e, no porto, pela última vez, eles contemplam as terras do nordeste. Agora, estão à caminho do sul, no mar, afastando-se do sol impiedoso."
73 Die Begriffe „dokumentarisierende" und „fiktivisierende Lektüre" stammen von Roger Odin (vgl. Odin 1998: 286).

ren sie im Reportagestil gedreht, womit die Illusion gebrochen wird. Wieder ist man einer dokumentarisierenden Lektüre unterworfen.

Zum Ende des Films erscheinen die *retirantes* nochmals in einer Szene, in der die Mutter einen Offizier am Hafen fragt, wann das nächste Schiff fahre, mit dem ihr Sohn fortgehen will *(Abbildung 28)*. In Hintergrund gruppieren sich die Familien der *retirantes* um einen Mann, der die Leute anhand einer Passagierliste aufruft. Samaria erscheint im Bildvordergrund und spricht zum Offizier. Dann läuft sie aus dem Bild, und eine große Einstellung zeigt die Gesichter der Migranten *(Abbildung 29)*, die auf den Namensaufruf antworten. Dass man hier keine Schauspieler sieht, sondern charakteristische Physiognomien aus dem Nordosten, erinnert an Griersons Dokumentarfilme, in denen echte Arbeiter vorkommen. Ein weiterer Schnitt zeigt Samaria in Schiffsnähe. Sie beobachtet *(Abbildung 30)*, wie die *retirantes* das Schiff besteigen. Es ist eine gestellte Szene, die ganz in die Erzählung integriert ist. Man hört diegetische Dialoge in eine Klanglandschaft ohne *Voice-over*.

Abbildung 28 (01:17:29)   *Abbildung 29 (01:17:42)*   *Abbildung 30 (01:18:35)*

In diesen drei Szenen, in denen die *retirantes* erscheinen, bemerkt man allmählich die Präsenz der Migranten als integraler Teil der Handlung. Während sie beim ersten Auftreten auf dokumentarische Weise dargestellt werden, sind sie im zweiten und letzten immer mehr integrierter Teil der erfundenen Geschichte. Oder anders gesagt: Wenn in einem ersten Moment die fiktiven Figuren in der realen Welt der Migranten aus dem Nordosten Brasiliens verankert sind, dreht sich allmählich dieses Verfahren, und die Migranten erscheinen als Figuren in der fiktiven Geschichte. Auf diese Art verflicht Cavalcanti beide Geschichten und schafft es, einen Bilderfluss und eine Kontinuität zwischen Dokumentar- und Spielfilm zu erlangen, obwohl man zwischen zwei Lektüremodi hin und her pendelt.

4.5. Realismus oder Ästhetisierung der Realität?

Während einige Kritiker diese besondere Kombination von erfundener und gefundener Geschichte als künstlich empfunden haben, bezeichneten andere den Film als ein Meisterwerk des Realismus und verglichen ihn mit den großen Werken des italienischen Neorealismus. Um zu verstehen, warum Cavalcantis Film zu diesen gegensätzlichen Standpunkten führt und dank welcher Kriterien sich der Film als neorealistisch einordnen lässt, stelle ich folgende Frage:

- Welche ästhetischen Charakteristiken in *O Canto do Mar* entsprechen nicht den Vorstellungen eines neorealistischen Films? Ist es überhaupt möglich, die neorealistischen Merkmale eines Films genau zu bestimmen?

Die Diskussion um das Thema Neorealismus ist extensiv. Die realistischen Filme, die unmittelbar nach dem Erscheinen der kanonischen italienischen neorealistischen Filme gemacht wurden, laufen Gefahr, mit jener Ästhetik verglichen zu werden. Weil sich die Kritiken an Cavalcantis Film so sehr unterscheiden, beschränke ich mich hier auf die Diskussion von zwei verschiedenen Standpunkten.

Für Rocha (1988) wirken in *O Canto do Mar* die Schauspieler recht künstlich, da sie unter anderem geschminkt sind und teilweise eine Physiognomie haben, die nicht zu jener der Menschen aus dem Nordosten passt, die in den dokumentarischen Szenen auftreten. Für ihn ist dieses Werk „ein Film aus der Vergangenheit". Die Geschichte sei romantisch und abstrakt sowie geprägt von einem antinationalistischen Gefühl. Rocha kritisiert weiter, dass die Innenaufnahmen mit künstlichem Licht gedreht wurden und dass die Fotografie die Landschaft stilisiere. In seinen Augen beging Cavalcanti den großen Fehler, auf die Ästhetisierung des Sozialen und auf das Lob des Elends zu setzen (vgl. Rocha 1988: 373).

Im Gegenteil zur Kritik Rochas würdigen andere Filmkritiker den Realismus des Films. In einem Artikel von Dominique Martin mit dem Titel „Alberto Cavalcanti – O Grande Mestre do Cinema Brasileiro"[74], erschienen im Januar 1954 in der Kulturzeitschrift *A Noite Ilustrada,* schreibt Martin über *O Canto do Mar*: „alles ist real. Die *retirantes* sind keine Schauspieler, sie spielen keine Rolle"[75] (vgl. Martin 1954: 39). Er findet es auch realistisch, wie Cavalcanti die populäre Kultur des

---

74 Alberto Cavalcanti – Der große Meister des brasilianischen Kinos.
75 „... tudo é real. Os Retirantes não são atores, não representam."

Nordostens darstellt: „Das Ritual des ‚Xangô'[76] ist keine Fälschung, wie die Folklore oft in Filmen gezeigt wird. Der ‚Maracatu'[77], der ‚Frevo'[78] vermitteln die Seele des Volkes"[79] (ibid). Er bewertet den Film als einen „‚menschlichen Dokumentarfilm', in dem die Natur nicht nur als unnütze Szenerie dient, sondern am Geschehen beteiligt ist [...] und die Tragödie besser verkörpert als dies ein Filmstar könnte"[80] (ibid.). Auch wenn diese Kritik subjektiv erscheint, sind es zwei interessante Aspekte, die der Autor erwähnt: die Natur und die Folklore. Es wurde schon beschrieben, wie Cavalcanti die Natur sowie die politische und menschliche Geografie im Film darstellt. Deshalb betrachte ich als nächstes die Darstellung der populären Kultur.

4.6. Populäre Kultur als Verankerung des Realismus

Alle brasilianischen Filme von Cavalcanti sind von folkloristischen Manifestationen des Landes gekennzeichnet. Wegen des langen Aufenthalts im Ausland war Cavalcanti von der Kraft dieser populären Feste angezogen. Die Darstellungen der Feste und der religiösen Rituale sind in *O Canto do Mar* halbdokumentarisch. Somit wäre der Film für ethnologische Studien dieser Manifestationen zur damaligen Zeit geeignet. In die Feste und Rituale fügt Cavalcanti die fiktiven Figuren ein, und so entfaltet sich die Handlung, in der die Musiker und Tänzer im *Bumba meu Boi*[81], *Maracatu* und *Candomblé*[82] sich selbst repräsentieren. Doch wenn Cavalcanti die Folklore und die katholischen und afrikanischen Rituale im Film zeigt *(Abbildung 31)*, dann nicht wegen der Exotik, wie ihm Rocha unterstellt, sondern weil ihm bewusst ist, wie sehr diese Elemente in der Volkskultur des Nordosten Brasiliens prä-

---

76 Xangô ist eine afrikanische Gottheit, deren Kult durch Sklaven nach Brasilien gebracht wurde.
77 Maracatu ist eine folkloristische Darbietung mit Tanz und Musik, die eine Krönungszeremonie inszeniert. Im Ritual sind sowohl Elemente der afrikanischen Kultur als auch des portugiesischen Barocks zu finden.
78 Frevo ist ein Musikstil und Tanz aus dem Nordosten Brasiliens, gekennzeichnet durch schnelle, synkopierte Musik und akrobatische Tanzschritte.
79 "O Ritual de ‚Xangô' não é uma falsificação, como muito do folclore que tem sido explorado nos filmes [...] O ‚Maracatu', o ‚Frêvo' transmitem a alma do povo."
80 „Documentário Humano, onde natureza não serve apenas como cenário inútil, mas participa da ação [...] representando melhor a tragédia que uma estrela."
81 Bumba meu Boi ist ein brasilianisches folkloristisches Tanzspiel um die Legende des Todes und der Auferstehung eines Ochsen.
82 Candomblé ist ein afrobrasilianisches, religiöses Ritual.

sent sind. Die Authentizität der (diegetische) Musik und Tänze ist einer der markantesten Momente des Films.

Abbildung 31: Ritual des Xangô

4.7. Merkmale des Neorealismus

Wenn es überhaupt möglich ist, die neorealistischen Merkmale eines Films genau zu bestimmen, dann können wir sagen, dass *O Canto do Mar* viele Elemente aufweist, die in der Literatur zum Phänomen des Neorealismus gezählt werden. Erstens die Wahl des Themas mit Gegenwartsbezug zur Migration und zweitens das Engagement gegen soziale Missstände. Andere Aspekte sind das Drehen an Originalschauplätzen, unter freiem Himmel, mit dem Einsatz von Laiendarstellern, beispielsweise mit den Dorfbewohnern und *rezadeiras*[83] an der Beerdigung des Kindes [00:35:30], der Wäscherin am See [00:06:00], den Matrosen am Hafen [00:46:30], den Fischern im Dorf [00:01:23] und allgemein während des ganzen Films. Es gibt auch Anspielungen auf die kanonischen neorealistischen Filme in *O Canto do Ma*r, zum Beispiel die Einbettung der Geschichte in ein Fischerdorf wie in *La Terra Trema* (1948)[84] sowie das Bild der Menschen auf dem Hügel über dem Meer, die

---

83 *Rezadeiras* sind Klageweiber.
84 Das Einzelbild von *La Terra Trema* ist aus der DVD der Image Entertainment 2001.

auf die Rückkehr des Vaters *(Abbildung 32)* und der Fischer *(Abbildung 33)* warten. Andererseits trägt die Inszenierung des psychologischen Familiendramas in *O Canto do Mar* ästhetische Merkmale des französischen Poetischen Realismus, deren Kreis Cavalcanti zeitweilig auch angehörte.

Abbildung 32 (01:23:10) *Abbildung 33 (01:11:28)*

Andererseits betont Bazin, dass das Wesentliche der neorealistischen Ästhetik nicht in diesen Merkmalen liege, sondern in der geistigen Haltung des Films, die unter anderem die wahre Dauer des Geschehens respektiert (vgl. Bazin 2009: 395). In *O Canto do Mar* finden wir diese Haltung nicht. Obwohl der Film wie die italienischen neorealistischen Werke stark mit dem historischen Moment verbunden ist, wird er durch eine andere Besonderheit gekennzeichnet. In ihm erkennt man eine Art ästhetischer Synthese von allen Bewegungen, an denen Cavalcanti mitgewirkt hatte. So findet man Spuren des Poetischen Realismus, des narrativen Dokumentarfilms, aber auch des Surrealismus – häufiges Merkmal der Spielfilme, die er bei den Ealing Studios in England produziert hatte. In dem Sinne gilt dieser Film als Beispiel für die Betrachtung verschiedener Ästhetiken des Realismus in der ersten Hälfte des 20. Jahrhunderts, und er eignet sich auch zur Analyse der formalen Mittel, die der Regisseur einsetzt, um Realismus im Film zu erreichen.

4.8. *O Canto do Mar* – ein Vorläufer des Cinema Novo

O Canto do Mar stand am Anfang einer Reihe von Filmen, die die schwierigen Lebensbedingungen der migrierenden Menschen aus dem Nordosten Brasiliens zeigten. Man kann sogar sagen, dass dieser Film mindestens inhaltlich ein legitimer Vorläufer des *Cinema Novo* ist, da er alle Themen ankündigt, die in späteren sozial und politisch engagierten brasilianischen Filmen dargestellt werden. Zehn Jahre nach dem Erscheinen von *O Canto do Mar* dreht Pereira dos Santos im Nordosten Brasiliens seinen berühmten Film *Vidas Secas* (1963). Basierend auf dem gleichnamigen Roman von Graciliano Ramos, zeigt *Vidas Secas* den Exodus einer Familie von *retirantes*, die mit Kindern und Tieren vor der Dürre fliehen, bis sie Unterkunft und Arbeit auf einer *fazenda*[85] finden, wo sie aber ausgebeutet werden und deshalb gezwungen sind weiterzuziehen. *Vidas Secas* ist ein kanonischer Film des *Cinema Novo*, der viele Anlehnungen an *O Canto do Mar* macht. Einige Merkmale dieses Films zeigen, dass Pereira dos Santos aus dem Film *O Canto do Mar* die Inspirationen für formale und inhaltliche Aspekte erhalten hat.

Selbst Rocha greift in seinem berühmten Film *Deus e o Diabo na Terra do Sol* (1963)[86] das Thema der Migration aus dem *Sertão* auf, aber hier nur mit einer Idee im Kopf und einer Kamera in der Hand, einem Ideal, welches das *Cinema Novo* verfolgte und das einen radikalen Bruch mit der klassischen kinematografischen Sprache Cavalcantis bedeutete.

Der Realismus in *O Canto do Mar*, der Cavalcantis Erfahrung zwischen Dokumentarfilm und Fiktion synthetisiert, provozierte ohne Absicht die jungen Filmemacher, die nach einer neuen Form des Realismus dürsteten. Diese Generation suchte auf ihre Weise das Kino zu erneuern und war bestrebt, im Sinne Jakobsons, die Realität noch unverfälschter wiederzugeben.

---

85 *Fazenda* ist ein landwirtschaftlicher Großgrundbesitz.
86 Im deutschen Sprachraum erschienen unter dem Titel *Gott und der Teufel im Lande der Sonne*.

5. Fazit

Das Ziel dieser Studie war es, in einem ersten Schritt die Darstellung der Realität in den verschiedenen Schaffensphasen des Regisseurs Alberto Cavalcanti zu untersuchen, um dann in einem zweiten Schritt ein Bild der Ästhetik des Realismus in seinem Filmschaffen zu entwerfen. Um das Konzept des Realismus zu erklären, habe ich im theoretischen Teil (Kapitel 3) meiner Analyse zunächst auf einen Aufsatz von Roman Jakobson zurückgegriffen, der den Begriff „Realismus" als einen sich wandelnden Prozess beschreibt, der immer neue Definitionen verlangt. Dieses Konzept eignet sich gut für die Umschreibung des dynamischen, historischen Prozesses der Geschichte der kinematografischen Sprache, an dem Cavalcanti in der ersten Hälfte des 20. Jahrhunderts sehr aktiv teilnahm. Durch den Einblick in seinen Werdegang und seine Tätigkeit als Filmemacher in verschiedenen Filmbewegungen – wie der französischen Avantgarde, dem Poetischen Realismus in Frankreich, der Dokumentarfilmbewegung in England oder auch den britischen Spielfilmen der Nachkriegszeit – wurde es möglich, ein Bild der Ästhetik des Realismus in seinen Filmen zu skizzieren. Es hat sich gezeigt, dass der Filmautor den Realismus im Film anvisierte und wichtige neue Elemente dazu beigetragen hat, besonders im Bereich des Tonfilms.

In einer Betrachtung der wesentlichen Filme aus seinem Gesamtwerk bestätigt sich meine erste These, die vertritt, dass Cavalcanti in vielen seiner Filme soziale Themen bevorzuge, die unter Einsatz verschiedener Ästhetiken realistisch dargestellt werden. Cavalcantis Gesamtwerk zeigt, dass er unabhängig von den ästhetischen Strömungen ihrer Zeit immer neue Mittel zur Darstellung der Realität suchte, mit der Absicht, einen größeren Realismus im Film zu erlangen.

Zur Erklärung des Begriffs des filmischen Realismus wurden im 3. Kapitel verschiedene theoretische Konzepte beigezogen, hauptsächlich aus den Schriften von Kracauer und Bazin. Es hat sich dabei herausgestellt, dass es nicht nur einen Realismus gibt, sondern verschiedene (vgl. Bazin 1981: 46).

Diese Studie hat auch gezeigt, dass die GPO Film Unit im Mittelpunkt der britischen Dokumentarfilmbewegung der 1930er Jahre stand und die formalen Elemente, die diese Gruppe von sehr kreativen Menschen konsolidierten, eine wichtige Grundlage für die Gattung des Dokumentarfilms bildeten. Viele dieser Elemente sind auch in den späteren italienischen neorealistischen Filmen vorhanden. Ich suchte deswegen nach ästhetischen Gemeinsamkeiten dieser Strömungen und versuchte anhand von Bazins Überlegungen auch die geistige Haltung des Neorealismus in die Betrachtung einzubeziehen.

In seinen Dokumentarfilmen in der GPO hat Cavalcanti die Grenze zwischen Dokumentar- und Spielfilm ausgelotet. Im Film *O Canto do Mar*, einer späteren brasilianischen Produktion, hat er wiederum mit dieser Grenze experimentiert, indem er eine erfundene mit einer gefundenen Geschichte verflocht. Ich habe aufgezeigt, in welchen Punkten die dramatisierte Realität des Dokumentarfilms und die Adaption einer Story aus einem früheren Film in *O Canto do Mar* konvergieren und welche Herausforderungen diese Kombination für die realistische Erzählweise beinhaltet. Zudem habe ich den Film *O Canto do Mar* unter dem Gesichtspunkt seines Bezuges zum Neorealismus analysiert, und obwohl dieser Film im Brasilien zum Teil wegen seiner „Künstlichkeit" kritisiert wurde, habe ich versucht zu zeigen, dass Cavalcanti die gefundene mit der erfundenen Geschichte auf stilisierte Art zu einem poetischen Realismus[87] verschmelzen ließ.

Meine dritte These besagt, dass *O Canto do Mar* nicht als realistischer Film erkannt wurde, da er als anachronistischer Film wahrgenommen wurde, in einem Moment, in dem sich in Brasilien eine neue realistische Ästhetik anbahnte, die des *Cinema Novo*. Dies hat sich durch die kritischen Aussagen von zwei Vorläufern dieser Bewegung – Nelson Pereira dos Santos und Glauber Rocha – erwiesen. Welche Tendenzen sich bezüglich des filmischen Realismus zu jener Zeit in Brasilien ankündigten, konnte diese Recherche nur teilweise beantworten. In einer weiterführenden Untersuchung könnte auf die Frage tiefer eingegangen werden, welche Prämissen die neue Generation von Filmmachern aufbaute, um nationale Filme zu produzieren, die die Realität nicht ästhetisieren.

Bei der Realisierung diese Studie habe ich festgestellt, dass für Alberto Cavalcanti jeder Film eine Gelegenheit bot, eine neue kinematografische Frage zu stellen und sich mit Aspekten wie Dekor, Ton, Licht, Musik oder Farbe auseinanderzusetzen.

---

87 Ich beziehe mich mit dieser Bezeichnung nicht auf den filmhistorischen Stil des Poetischen Realismus der 1930er-Jahre in Frankreich, sondern benutze sie zur Beschreibung des realistischen Stils von Cavalcantis Filmen. In einer vertieften Studie könnte aber dennoch den Verbindungen von Cavalcanti zum Poetischen Realismus, z. B. eines Jean Vigo, nachgegangen werden.

Auch zeigte sich die Bedeutung Cavalcantis für den englischen Dokumentarfilm und für den Tonfilm. Eine Forschungsarbeit in Bezug auf die Experimente mit Farbe, die Cavalcanti schon 1942 im Film *Alice in Switzerland* durchführte, wäre ein weiteres, interessantes Recherchethema.

Cavalcanti hat nie aufgehört zu experimentieren, und all diese Experimente waren für die Entwicklung der kinematografischen Sprache wichtig. Zum Schluss möchte ich eine Aussage Cavalcantis zitieren, die seinen *bricoleur*-Geist gut beschreibt: „Ne perdez aucune occasion d'expérimenter; le prestige du cinéma ne tient qu'à l'expérimentation. Sans expérimentation, le cinéma perd toute valeur; sans expérimentation, le cinéma cesse d'exister."[88]

---

88 Verpasst keine Gelegenheit zu experimentieren. Das Prestige des Kinos hängt vom Experimentieren ab. Ohne Experimente ist das Kino wertlos; ohne Experimentieren hört das Kino auf zu existieren. (Übers.: S.M.) Cavalcanti, zitiert in Christian Lebrat, 2001: 24.

6. Bibliografie

Aitken, Ian: *The Documentary Film Movement: An Anthology*. Edinburgh: Edinburgh University Press, 1998.

_____*Alberto Cavalcanti: Realism, Surrealism and National Cinemas*. Trowbridge: Flicks Books, 2000.

_____*Film and Reform: John Grierson and the Documentary Film Movement*. London: Routledge, 1992.

_____„John Grierson (1898–1972)". In: *Adressing The Nation. The GPO Film Unit Collection*. Bd. 1. British Film Institute. London: BFI National Archive, 2008, S. 64–65.

Balázs, Béla: *Der Geist des Films*. Frankfurt am Main: Makol-Verlag, 1972, S. 126–127.

Barrow, Sarah/White, John: „Drifters" (1929). In: *Fifty Key British Films*. London: Routledge, 2008, S. 22–26.

Bazin, André: „Ontologie des Photographischen Bildes" (1945). In: Robert Fischer. *Was ist Film?* Berlin: Alexander Verlag, 2009, S. 33–42.

_____ „Der Mythos vom Totalen Film" (1946). In: Robert Fischer. *Was ist Film?* Berlin: Alexander Verlag, 2009, S. 53–49.

_____ „Der Film und die Erforschung der Erde" (1953). In: Robert Fischer. *Was ist Film?* Berlin: Alexander Verlag, 2009, S. 50–60.

_____ „*Le Monde du Silence*" (1956). In: Robert Fischer. *Was ist Film?* Berlin: Alexander Verlag, 2009, S. 61–66.

_____ „Die Entwicklung der Filmsprache" (1951). In: Robert Fischer. *Was ist Film?* Berlin: Alexander Verlag, 2009, S. 90–109.

_____ „Für ein unreines Kino. Plädoyer für die Literaturverfilmung" (1952). In: Robert Fischer. *Was ist Film?* Berlin: Alexander Verlag, 2009, S. 110–138.

_____ „*Germania Anno Zero*" (1949). In: Robert Fischer. *Was ist Film?* Berlin: Alexander Verlag, 2009, S. 242–254.

_____ „Der Filmische Realismus und die italienische Schule nach der Befreiung" (1948). In: Robert Fischer. *Was ist Film?* Berlin: Alexander Verlag, 2009, S. 295–326.

_____ „*La Terra Trema*" (1948). In: Robert Fischer. *Was ist Film?* Berlin: Alexander Verlag, 2009, S. 327–334.

_____ „*Ladri di Biciclette*" (1949). In: Robert Fischer. *Was ist Film?* Berlin: Alexander Verlag, 2009, S. 335–352.

_____ „Vittorio de Sica, Regisseur" (1953). In: Robert Fischer. *Was ist Film?* Berlin: Alexander Verlag, 2009, S. 353–374.

_____ „Ein Großes Werk: *Umberto D*" (1952). In: Robert Fischer. *Was ist Film?* Berlin: Alexander Verlag, 2009, S. 375–379.

_____ „*Le Notti di Cabiria* oder die Reise ans Ende des Neorealismus" (1957). In: Robert Fischer. *Was ist Film?* Berlin: Alexander Verlag, 2009, S. 380–390.

_____ „Plädoyer für Rossellini" (1955). In: Robert Fischer. *Was ist Film?* Berlin: Alexander Verlag, 2009, S. 391–402.

_____ „*Europa 51*" (1953). In: Robert Fischer. *Was ist Film?* Berlin: Alexander Verlag, 2009, S. 403–405.

Beylie, Claude: „Entretien avec Alberto Cavalcanti". In: Lorenzo Pellizzari, Claudio M. Valentinetti (Hrsg.): *Alberto Cavalcanti*. Locarno: Editions du Festival International du Film de Locarno, 1988, S. 360–365.

Binder, Dorothee: *Der Film „L'Inhumaine" und sein Verhältnis zu Kunst und Architektur der zwanziger Jahre*. Magisterarbeit. LMU München: Geschichts- und Kunstwissenschaften 29, 2005. URL: http://epub.ub.uni-muenchen.de/10635/1/10635_binder_text.pdf [Letzter Zugriff am 16.07.2017].

Borba Filho, Hermilo: „Une vie". In: Lorenzo Pellizzari, Claudio M. Valentinetti (Hrsg.): *Alberto Cavalcanti*. Locarno: Editions du Festival International du Film de Locarno, 1988, S. 89–170.

Caldieri, Sergio. *Alberto Cavalcanti, o cineasta do mundo*. Rio de Janeiro: Editora Teatral Ltda, 2005.

Caminati, Luca: „The Role of Documentary Film in the Formation of the Neorealist Cinema". In: Saverio Giovacchini, Robert Sklar (Hrsg.): *Global Neorealism. The Transnational History of a Film Style.* University Press of Mississippi, Jackson, 2012, S. 52–67.

Canosa, Fabiano: „Conversation avec Alberto Cavalcanti". In: Lorenzo Pellizzari, Claudio M. Valentinetti (Hrsg.): *Alberto Cavalcanti.* Locarno: Editions du Festival International du Film de Locarno, 1988, S. 343–359.

Cavalcanti, Alberto: *Filme e Realidade.* Rio de Janeiro: Livraria Editora da Casa do Estudante do Brasil, 2. ed. 1957.

_____ „The Neo-Realist Movement in England" (1937). In: Richard Abel. *French Film Theory and Criticism: a History-anthology 1907–1939.* Princeton, New Jersey: Princeton University Press, 1988, S. 233–238.

_____ „Discussion sur le film sonore" (1935). In: Lorenzo Pellizzari, Claudio M. Valentinetti (Hrsg.): *Alberto Cavalcanti.* Locarno: Editions du Festival International du Film de Locarno, 1988, S. 215–220.

_____ „L'étude du cinéma en tant que moyen d'expression" (1938). In: Lorenzo Pellizzari, Claudio M. Valentinetti (Hrsg.): *Alberto Cavalcanti.* Locarno: Editions du Festival International du Film de Locarno, 1988, S. 225–233.

_____ „Le cinéma documentaire" (1951). In: Lorenzo Pellizzari, Claudio M. Valentinetti (Hrsg.): *Alberto Cavalcanti.* Locarno: Editions du Festival International du Film de Locarno, 1988, S. 273–292.

_____ „Les étapes anglaises (1933–1949)". In: Lorenzo Pellizzari, Claudio M. Valentinetti (Hrsg.): *Alberto Cavalcanti.* Locarno: Editions du Festival International du Film de Locarno, 1988, S. 312–333.

_____ „Le Projet Vera Cruz" (1955). In: Lorenzo Pellizzari, Claudio M. Valentinetti (Hrsg.): *Alberto Cavalcanti.* Locarno: Editions du Festival International du Film de Locarno, 1988, S.172–188.

_____ „Sound in Films". In: Elisabeth Weis and John Belton (Hrsg.): *Film Sound: Theory and Practice.* New York: Columbia University Press, 1985, S. 98–111.

Couri, Norma. *O Estrangeiro: Alberto Cavalcanti e a Ficção de Brasil.* Tese de doutorado em História Social, or. Janice Theodoro da Silva. São Paulo: FFLCH-USP, 2004.

Fabris, Mariarosaria: „A questão realista no cinema brasileiro: aportes neo-realistas". In: Revista *Alceu*, 8,15, PUC- Rio de Janeiro, 2007, S. 82–94. URL: http://revistaalceu.com.puc-rio.br/media/Alceu_n15_Fabris.pdf [Letzter Zugriff am 16.07.2017].

Flückiger, Barbara: *Sound Design: Die virtuelle Klangwelt des Films.* Marburg: Schüren, 2002.

Grierson, John: „Grundsätze des Dokumentarfilms" (1933). In: Eva Hohenberger (Hrsg.): *Bilder des Wirklichen. Texte zur Theorie des Dokumentarfilms.* Berlin: Vorwerk, 2006, S. 90–102.

_____ „Die Idee des Dokumentarfilms" (1942). In: Eva Hohenberger (Hrsg.): *Bilder des Wirklichen. Texte zur Theorie des Dokumentarfilms.* Berlin: Vorwerk, 2006, S. 103–114.

_____ „Introduction to a New Art". In: *Adressing The Nation. The GPO Film Unit Collection.* Bd.1. British Film Institute. London: BFI National Archive, 2008, S. 21–29.

Gunning, Tom: „Vor dem Dokumentarfilm. Frühe Non-fiction-Filme und die Ästhetik der ‚Ansicht'". In: *KINtop* 4, 1995, S. 111–121.

Herlinghaus, Hermann: „Vor einer Explosion der Fakten in Bild und Ton / Alberto Cavalcanti". In: Hermann Herlinghaus (Hrsg.): *Dokumentaristen der Welt in den Kämpfen unserer Zeit: Selbstzeugnisse aus zwei Jahrzehnten (1960–1981).* Berlin: Henschelverlag, 1982, S. 19–24.

Hillier, Jim/Lovell, Alan/ Rohdie, Sam: „Interview: Alberto Cavalcanti (1972)". In: *We Live in Two Worlds. The GPO Film Unit Collection.* Bd. 2. British Film Institute. London: BFI National Archive, 2009, S. 20–31.

Horrocks, Roger: „Len Lye (1901-1980)" In: *We Live in Two Worlds, The GPO Film Unit Collection.* Bd. 2. British Film Institute. London: BFI National Archive, 2009, S. 82–83.

Jakobson, Roman: „Über den Realismus in der Kunst" (1921). In: Elmar Holenstein, Tarcicius Schelbert. *Poetik. Ausgewählte Aufsätze 1921–1971*. Frankfurt am Main: Suhrkamp, 1993, S. 129–139.

Kessler, Frank: „Ostranenie. Zum Verfremdungsbegriff von Formalismus und Neoformalismus". In: *Montage AV* 5,2, 1996, S. 51–65.

Kirsten, Guido: *Filmischer Realismus*. Marburg: Schüren, 2013.

Kracauer, Siegfried: *Theorie des Films: Die Errettung der äußeren Wirklichkeit*. Frankfurt am Main: Suhrkamp, 2012.

Lebrat, Christian: „Invisible à l'oeil nu". In: Nicole Brenez et Christian Lebrat (Hrsg.): *Jeune, dure et pure!: une histoire du cinéma d'avant-garde et expérimental en France*. Paris: Cinémathèque Française Mozzota, 2001, S.23-24.

Lima, Cecília Nazaré de. A*lberto Cavalcanti e César Guerra-Peixe: contribuições sonoras para o cinema brasileiro*. Tese de doutorado, or. Evandro Jose Lemos da Cunha, Universidade Federal de Minas Gerais-UFMG, Escola de Belas Artes, 2012.

Marchand, Alain/ Rodrigues, Antonio: „Alberto Cavalcanti, un extraordinaire homme ordinaire". In: Nicole Brenez et Christian Lebrat (Hrsg.). *Jeune, dure et pure!: une histoire du cinéma d'avant-garde et expérimental en France*. Paris: Cinémathèque Française Mozzota, 2001, S. 114–115.

Martialay, Felix: „J'étais surréaliste, avec une tendance au réalisme" (1960). In: Lorenzo Pellizzari, Claudio M. Valentinetti (Hrsg.): *Alberto Cavalcanti*. Locarno: Editions du Festival International du Film de Locarno, 1988,S. 335–342.

Martin, Dominique: „Alberto Cavalcanti – O Grande Mestre do Cinema Brasileiro". In: *A Noite Ilustrada*. Nr. 01298, 1954, S. 38–39. URL:http://memoria.bn.br/DocReader/DocReader.aspx?bib=120588&pesq=retirantes&pasta=ano%20195 [Letzter Zugriff am 24.08.2014].

Martins, Fernanda Aguiar Carneiro. *Le Dialogue avec le passé : l'amalgame complexe entre En Rade (1927) et Le Chant de la mer (O Canto do Mar, 1953) de Alberto Cavalcanti*. Thèse Doctorat dir. Jacques Aumont, Université de Paris 3- Sorbonne Nouvelle, 2008.

_____ „Da prosa poética à Cineplástica: uma análise de À deriva (En rade, 1927), de Alberto Cavalcanti". In: *A cor das letras*: Revista do Departamento de

Letras e Artes da Universidade Estadual de Feira de Santana. Feira de Santana: UEFS, 1997-. Número temático: literatura e cinema, n. 11, 2010, p. 161- 176.

_____ "O visível e o legível – Alberto Cavalcanti e o ideal das vanguardas históricas europeias". In *Cine Cachooeira* – revista de cinema música em perspectiva v.7 n.1, junho 2014, p. 155-194.

Odin, Roger: „Dokumentarischer Film – dokumentarisierende Lektüre" (1984). In: Eva Hohenberger (Hrsg.): *Bilder des Wirklichen: Texte zur Theorie des Dokumentarfilms*. Berlin: Vorwerk 8, 1998, S. 259–275.

O'Pray, Michael: „The GPO and Experimental Film". In: *We Live in Two Worlds, The GPO Film Unit Collection*. Bd. 2. British Film Institute. London: BFI National Archive, 2009, S. 21–29.

Paranaguá, Paulo Antonio: „El espejismo industrial (1936–1950)". In: Carlos F. Heredero y Casimiro Torreiro (Hrsg.): *Historia general del cine*, Bd. X. Madrid: Ed. Cátedra, 1996, S. 233-280.

Pellizzari, Lorenzo: „Le sonore, la Paramount et le cinéma anglais (1929–1949)". In: Lorenzo Pellizzari, Claudio M. Valentinetti (Hrsg.): *Alberto Cavalcanti*. Locarno: Editions du Festival International du Film de Locarno, 1988, S. 23–41.

_____ „La période internationale et le déclin (1954–1982)". In: Lorenzo Pellizzari, Claudio M. Valentinetti (Hrsg.): *Alberto Cavalcanti*. Locarno: Editions du Festival International du Film de Locarno, 1988, S. 52–59.

Pellizzari, Lorenzo/ Valentinetti Claudio M. (Hrsg.): *Alberto Cavalcanti*. Locarno: Editions du Festival International du Film de Locarno, 1988.

Rocha, Glauber: *Revisão Crítica do Cinema Brasileiro*. São Paulo: Cosac & Naify, 2003.

_____ „Cavalcanti et la Vera Cruz" (1962). In: Lorenzo Pellizzari, Claudio M. Valentinetti (Hrsg.): *Alberto Cavalcanti*. Locarno: Editions du Festival International du Film de Locarno, 1988, S. 369–380.

Salles Gomes, Paulo Emilio: *Cinéma brésilien 1970–80. Une trajectoire dans le sous-développement*. Locarno: Editions du Festival International du Film de Locarno, 1983.

Schleif, Helma: „Alberto Cavalcanti: Die Geburt des Dokumentarfilms". In: Freunde der Deutschen Kinemathek (Hrsg.): *Berlin und das Kino*. Berlin, 1989, S. 94.

Schumann, Peter B.: *Handbuch des brasilianischen Films*. Frankfurt/Main: Vervuert Verlag, 1988.

Sexton, Jamie: „Sound and Music at the GPO Film Unit". In: *Adressing the Nation. The GPO Film Unit Collection*. Bd. 1. British Film Institute. London: BFI National Archive, 2008, S. 15–19.

Sussex, Elizabeth: „Cavalcanti in England (1975)". In: Ian Atiken (Hrsg.): *The Documentary Film Movement: an Anthology*. Edinburgh: Edinburgh University Press, 1988, S. 181–214.

Thompson, Kristin: „Neorealistische Filmanalyse. Ein Ansatz, viele Methoden". In: *Montage AV* 4,1, 1995, S. 23-62

Tröhler, Margrit: „Film- Bewegung und die ansteckende Kraft von Analogien. Zu André Bazins Konzeption des Zuschauers". In: *Montage AV* 18,1, 2009, S. 49–74.

_____ *André Bazin – Ein Realismuskonzept* – Überblicksvorlesung Filmtheorie: Geschichte der Klassischen Filmtheorie – Seminar für Filmwissenschaft – Universität Zürich – Power Point Präsentation, S. 21, Herbstsemester 2013.

Valentinetti, Claudio M.: „Les origines et le cinéma français (1897–1928)". In: Lorenzo Pellizzari, Claudio M. Valentinetti (Hrsg.): *Alberto Cavalcanti*. Locarno: Editions du Festival International du Film de Locarno, 1988, S. 12–22.

_____ „La période brésilienne (1950–1954)". In: Lorenzo Pellizzari, Claudio M. Valentinetti (Hrsg.): *Alberto Cavalcanti*. Locarno: Editions du Festival International du Film de Locarno, 1988, S. 42–51.

6.1. Internetquellen

Cinemateca Brasileira
URL: http://www.cinemateca.gov.br [Letzter Zugriff am 16.07.2017].

Alberto Cavalcanti
URL:http://www.cinemateca.gov.br/cgi-bin/wxis.exe/iah/?IsisScript=iah/iah.xis&base= ACERVO&exprSearch=alberto%20%20and%20%20cavalcanti&nextAction=lnk&lang=p [Letzter Zugriff am 24.08.2014].

http://bases.cinemateca.gov.br/cgi-bin/wxis.exe/iah/ [Letzter Zugriff am 16.07.2017].

http://www.bcc.org.br/fotos/galeria/002134?page=6 [Letzter Zugriff am 16.07.2017].

Fundação Biblioteca National
URL: http://www.bn.br/portal [Letzter Zugriff am 16.07.2017].

Instituto Moreira Salles
http://www.ims.com.br/ims [Letzter Zugriff am 16.07.2017].

Alberto Cavalcanti
http://memoria.bn.br/DocReader/docmulti.aspx?bib=[cache]97120.6869165.DocLstX&pasta=ano%20195&pesq=Alberto%20Cavalcan [Letzter Zugriff am 24.08.2014].

Lexikon der Filmbegriffe
http://filmlexikon.uni-kiel.de/index.php?action=lexikon&tag=det&id=1619 [Letzter Zugriff am 16.07.2017].

Ciné-Ressources , Le catalogue collectif des bibliothèques et archives de cinéma français
http://www.cineressources.net/recherche_t_r.php?type=PNP&pk=11579&rech_type=E&textfield=cavalcanti&rech_mode=contient&pageF=1&pageP=1[Letzter Zugriff am 16.07.2017].

7. Filmografie

Ausführlich behandelte Filme:

L'Inhumaine (FR 1924) Marcel L'Herbier
La P'tite Lili (FR 1927) Alberto Cavalcanti
Rien que les heures (FR 1926) Alberto Cavalcanti
Drifters (UK 1929) John Grierson
Song of Ceylon (UK 1934) GPO Film Unit
Coal Face (UK 1935) GPO Film Unit
A Color Box (UK 1935) GPO Film Unit
Night Mail (UK 1936) GPO Film Unit
Rainbow Dance (UK 1936) GPO Film Unit
Trade Tattoo (UK 1937) GPO Film Unit
North Sea (UK 1938) GPO Film Unit
The City (UK 1939) GPO Film Unit
Spare Time (UK 1939) GPO Film Unit
Listen to Britain (UK 1942) Humphrey Jennings – Crow Film Unit
Went the Day Well? (UK 1942) Alberto Cavalcanti
Dead of Night (UK 1945) Alberto Cavalcanti
Simão o Caolho (BR 1952) Alberto Cavalcanti
O Canto do Mar (BR 1953) Alberto Cavalcanti
Mulher de Verdade (BR 1954) Alberto Cavalcanti
Vidas Secas (BR 1963) Nelson Pereira dos Santos

Weitere Titel

Nanook of the North (USA 1922) Robert Flaherty
Le train sans yeux (FR 1924) Alberto Cavalcanti
Feu Mathias Pascal (FR 1926) Alberto Cavalcanti
Berlin – Sinfonie der Großstadt (DE 1927) Walter Ruttmann
En Rade (FR 1927) Alberto Cavalcanti
Yvette (FR 1927) Alberto Cavalcanti
Le petit chaperon rouge (FR 1929) Alberto Cavalcanti
Der Mann mit der Kamera (UdSSR 1929) Dziga Vertov
Regen (NL 1929) Joris Ivens

Un chien andalou (FR 1929) Luis Buñel
L'âge d'or (FR 1930) Buñel Luis Buñel
Tabu (USA 1931) Friedrich Wilhelm Murnau
Yellow Ceasar (UK 1941) Alberto Cavalcanti
Film and Reality (UK 1942) Alberto Cavalcanti
Roma, città aperta (IT 1945) Roberto Rossellini
Paisà (IT 1946) Roberto Rossellini
Il Bandido (IT 1946) Alberto Lattuada
They Made Me a Fugitive (UK1947) Alberto Cavalcanti
La terra trema (IT 1948) Luchino Visconti
For Them That Trespass (UK 1949) Alberto Cavalcanti
Também somos Irmãos (BR 1949) José Carlos Burle
Caiçara (BR 1950) Adolfo Celi
Terra é Sempre Terra (IT 1951) Tom Payne
Ângela (BR 1951) Abílio Pereira de Almeida
Umberto D (IT 1952) Vittorio de Sica
O Cangaceiro (BR 1953) Lima Barreto
Agulha no Palheiro (BR 1953) Alex Viany
Herr Puntilla und sein Knecht Matti (AT 1955) Alberto Cavalcanti
Die Windrose (DDR 1957) Joris Ivens
*Rio, 40 Grau*s (BR 1955) Nelson Pereira dos Santos
Rio, Zona Norte (BR 1957) Nelson Pereira dos Santos
Deus e o Diabo na Terra do Sol (BR 1964) Glauber Rocha
Recuperação dos Documentários da Cia. Cinematográfica Vera Cruz (BR 2006)
 - *Obras Novas- Evolução de uma Indústria* (BR 1951)
 - *Painel* (BR 1951) Lima Barreto
 - *Santuário* (BR 1951) Lima Barreto
 - *São Paulo em Festa* (BR 1954) Lima Barreto

FILM- UND MEDIENWISSENSCHAFT

Herausgegeben von Irmbert Schenk und Hans Jürgen Wulff

ISSN 1866-3397

1 *Oliver Schmidt*
  Leben in gestörten Welten
  Der filmische Raum in David Lynchs *Eraserhead*, *Blue Velvet*, *Lost Highway* und *Inland Empire*
  ISBN 978-3-89821-806-1

2 *Indra Runge*
  Zeit im Rückwärtsschritt
  Über das Stilmittel der chronologischen Inversion in *Memento*, *Irréversible* und *5 x 2*
  ISBN 978-3-89821-840-5

3 *Alina Singer*
  Wer bin ich? Personale Identität im Film
  Eine philosophische Betrachtung von *Face/Off*, *Memento* und *Fight Club*
  ISBN 978-3-89821-866-5

4 *Florian Scheibe*
  Die Filme von Jean Vigo
  Sphären des Spiels und des Spielerischen
  ISBN 978-3-89821-916-7

5 *Anna Praßler*
  Narration im neueren Hollywoodfilm
  Die Entwürfe des Körperlichen, Räumlichen und Zeitlichen in *Magnolia*, *21 Grams* und *Solaris*
  ISBN 978-3-89821-943-3

6 *Evelyn Echle*
  Danse Macabre im Kino
  Die Figur des personifizierten Todes als filmische Allegorie
  ISBN 978-3-89821-939-6

7 *Miriam Grossmann*
  Soziale Figurationen und Selbstentwürfe
  Schauspieler und Figureninszenierung in Eric Rohmers *Pauline am Strand*, *Vollmondnächte* und *Das grüne Leuchten*
  ISBN 978-3-89821-944-0

8 *Peter Klimczak*
  40 Jahre ‚Planet der Affen'
  Zeitgeist- und Reihenkompatibilität – über Erfolg und Misserfolg von Adaptionen
  ISBN 978-3-89821-977-8

9 *Ingo Lehmann*
  Ziellose Bewegungen und mediale Selbstauflösung
  Das absurde «Genrefilm-Theater» Monte Hellmans
  ISBN 978-3-89821-917-4

10 Gerd Naumann
    Der Filmkomponist Peter Thomas
    Von Edgar Wallace und Jerry Cotton zur Raumpatrouille Orion
    ISBN 978-3-8382-0003-3

11 Anja-Magali Bitter
    Die Inszenierung des Realen
    Entwicklung und Perzeption des neueren französischen Dokumentarfilms
    ISBN 978-3-8382-0066-8

12 Martin Hennig
    Warum die Welt Superman nicht braucht
    Die Konzeption des Superhelden und ihre Funktion für den Gesellschaftsentwurf in US-amerikanischen Filmproduktionen
    ISBN 978-3-8382-0046-0

13 Esther Lulaj
    Nimm (nicht) ab!
    Zur Funktion des Telefons im Spielfilm – Von Metropolis bis Matrix
    ISBN 978-3-8382-0125-2

14 Boris Rozanski
    Das ungleiche Liebespaar in der 'Screwball Comedy'
    Paarbildung und Selbstfindung von Frank Capras *It Happened One Night* bis zu Jonathan Demmes *Something Wild*
    ISBN 978-3-8382-0145-0

15 Carolin Lano
    Die Inszenierung des Verdachts
    Überlegungen zu den Funktionen von TV-mockumentaries
    ISBN 978-3-8382-0214-3

16 Christine Piepiorka
    LOST in Narration
    Narrativ komplexe Serienformate in einem transmedialen Umfeld
    ISBN 978-3-8382-0181-8

17 Daniela Olek
    LOST und die Zukunft des Fernsehens
    Die Veränderung des seriellen Erzählens im Zeitalter von *Media Convergence*
    ISBN 978-3-8382-0174-0

18 Eleonóra Szemerey
    Die Botschaft der grauen Wand
    Über die Vermittlung von Hoffnung und Hoffnungslosigkeit in Aki Kaurismäkis Verlierer-Filmen
    ISBN 978-3-8382-0222-8

19 Florian Plumeyer
    Sadismus und Ästhetisierung
    Folter als kultureller und filmischer Exzess im Gegenwartskino
    ISBN 978-3-8382-0188-7

20 Jonas Wegerer
    Der nahe Fremde: Der amerikanische Western in den Kinos der Bundesrepublik Deutschland (1948-1960)
    Eine rezeptionshistorische Analyse
    ISBN 978-3-8382-0307-2

21 *Peter Podrez*
Der Sinn im Untergang
Filmische Apokalypsen als Krisentexte im atomaren und ökologischen Diskurs
ISBN 978-3-8382-0254-9

22 *Yvonne Augustin*
Episodisches Erzählen im Film
Alejandro González Iñárritus Filmtrilogie AMORES PERROS, 21 GRAMS und BABEL
ISBN 978-3-8382-0335-5

23 *Julia Steimle*
Fiktive Realität – reale Fiktion
Realitätsebenen und ihre Integration im Hollywood-Backstage-Musical, untersucht anhand von THE BROADWAY MELODY, GOLD DIGGERS OF 1933, THE BAND WAGON, ALL THAT JAZZ und MOULIN ROUGE!
ISBN 978-3-8382-0319-5

24 *Jana Heberlein*
Die *Neue Berliner Schule*
Zwischen Verflachung und Tiefe: Ein ästhetisches Spannungsfeld in den Filmen von Angela Schanelec
ISBN 978-3-8382-0407-9

25 *Karoline Stiefel*
Geistesblitze und Genialität – Bilder aus dem Gehirn des Detektivs
Die Visualisierung von Imagination in den TV-Serien SHERLOCK und HOUSE, M.D.
ISBN 978-3-8382-0522-9

26 *Stephanie Boniberger*
Musical in Serie
Von Buffy bis Grey's Anatomy: Über das reflexive Potential der special episodes amerikanischer TV-Serien
ISBN 978-3-8382-0492-5

27 *Phillip Dreher*
Morin und der Film als Spiegel
Eine theoriegeschichtliche Verortung der Filmtheorie von Edgar Morin
ISBN 978-3-8382-0486-4

28 *Marlies Klamt*
Das Spiel mit den Möglichkeiten
Variantenfilme – Zwischen Multiperspektivität und Chaostheorie
ISBN 978-3-8382-0811-4

29 *Ralf A. Linder*
Zwischen Propaganda und Anti-Kriegsbotschaft:
Die Darstellung des Krieges im US-amerikanischen Spielfilm als Indikator gesellschaftlichen Wandels
ISBN 978-3-8382-0750-6

30 *Jana Zündel*
An den Drehschrauben filmischer Spannung
Zeit und Raum bei Alfred Hitchcock.
Verzögerungen und Deadlines, klaustrophobische und expansive Räume
ISBN 978-3-8382-0940-1

31 *Seraina Winzeler*
    Filme zwischen Spur und Ereignis
    Erinnerung, Geschichte und ihre Sichtbarmachung im Found-Footage-Film
    ISBN 978-3-8382-0414-7

32 *Tobias Dietrich*
    Filme für den Eimer
    Das Experimentalkino von Klaus Telscher
    ISBN 978-3-8382-1094-0

33 *Silvana Mariani*
    O Canto do Mar: Die Ästhetisierung von Realität?
    Reflexionen über den Realismus bei Alberto Cavalcanti
    ISBN 978-3-8382-1100-8

Sie haben die Wahl:
Bestellen Sie die Schriftenreihe
Film- und Medienwissenschaft
einzeln oder im **Abonnement**

per E-Mail: vertrieb@ibidem-verlag.de | per Fax (0511/262 2201)
als Brief (*ibidem*-Verlag | Leuschnerstr. 40 | 30457 Hannover)

Bestellformular

☐ Ich abonniere die Schriftenreihe *Film- und Medienwissenschaft*
ab Band # ____

☐ Ich bestelle die folgenden Bände der Schriftenreihe
Film- und Medienwissenschaft
____; ____; ____; ____; ____; ____; ____; ____; ____; ____

Lieferanschrift:

Vorname, Name ....

Anschrift ....

E-Mail... | Tel.: ....

Datum .... | Unterschrift ....

Ihre Abonnement-Vorteile im Überblick:
- Sie erhalten jedes Buch der Schriftenreihe pünktlich zum Erscheinungstermin – immer aktuell, ohne weitere Bestellung durch Sie.
- Das Abonnement ist jederzeit kündbar.
- Die Lieferung ist innerhalb Deutschlands versandkostenfrei.
- Bei Nichtgefallen können Sie jedes Buch innerhalb von 14 Tagen an uns zurücksenden.

***ibidem**.eu*

www.ingramcontent.com/pod-product-compliance
Lightning Source LLC
Chambersburg PA
CBHW070740230426
43669CB00014B/2525